アクティブラーニングのデザイン

東京大学の新しい教養教育

永田 敬／林 一雅 編

東京大学出版会

Practical Designs for Active Learning:
Liberal Arts Education at the University of Tokyo
Takashi NAGATA and Kazumasa HAYASHI, Editors
University of Tokyo Press, 2016
ISBN 978-4-13-053087-3

はじめに

永田　敬・林　一雅

　このところ、大学教育に関連して「アクティブラーニング」という用語を頻繁に見聞きするようになった。アクティブラーニングは、学生の能動的な学習活動を取り入れた教育法の総称である。その具体的な方法は、体験学習、課題解決型学習や授業でのグループワーク、ディベート、協調学習など多岐にわたるが、いずれも学生の主体的な学びの姿勢を引き出すことを主眼としている。

　もう何十年も前のことであるが、筆者が大学の教員になったばかりの頃、「米国のある大学で、講義の途中に教授がおもちゃのピストルをパンと鳴らして、学生に今何を考えていたかを答えさせたところ、五〇パーセントの学生が異性のことを考えていた」という、冗談とも本気ともつかない話を聞いた記憶がある。今となっては出典も定かではないし、どこで誰から聞いたのかも思い出せないくらいなので、五〇パーセントという数字の不確かさも含めて話の真偽すらわからない。しかし、その時に妙に納得したことだけは鮮明に覚えている。要するに、すでにその当時から、大人数・聴講型の授業形式で、学生にとっては受動的である大学の教育に対して、疑問あるいは改善の必要性が認識されていたということである。

本書の第1章で山内祐平が述べるように、アクティブラーニングの概念や手法は厳密には定義されていない。教育現場での直観として捉えやすい「授業形式」という観点からみると、知識の一方向的な伝達を主眼とする講義形式の授業と対比して、アクティブラーニングでは授業中に学生が何らかの能動的な学習活動を行うように設計されている。その狙いは、第4章でトム・ガリーが引用している、(聞いただけでは直ぐに忘れてしまうが)「自分で関われば学ぶ(Involve me and I learn)」であることは言うまでもない。一方、教員の側にも、学生の活動内容をリアルタイムに授業に反映させながら、九〇〜一二〇分の授業時間で一定の学習目標を達成できるよう、授業を柔軟に進行し収束させる能力が要求される。その際の学生の活動内容には、簡単なクイズによる学生の理解度のチェック、グループ作業での検討結果や発表など、教員がその活動の「成果」を効果的に活かしながら授業をステアリングして行くような内容が想定されている。昔ながらの、正解がある(あるいは教員が正解を知っている)問題を黒板で学生に解かせるような演習をあえてアクティブラーニングと呼ばないのは、問題を解くという学生の活動やその成果が授業のシナリオを変えるほどの要素とならないからであろう。

さて、ここまでの記述で、アクティブラーニングについて、漠然とではあるが大よそのイメージを持って頂けたのではないかと思う。その上で、本書の構成と意図を説明したい。

本書は、東京大学がこの五年以上にわたり、一、二年生の教育課程にアクティブラーニングを導入するために行ってきた一連の取り組みを紹介したものである。東京大学の学部教育課程は、入学後の二年間の前期課程とそれに続く二年間の後期課程で構成されており、入学した学生は、文系・理系を問わず、全員が駒場キャンパスでリベラルアーツを重視した前期課程教育を受ける。一、二年生の約六六〇〇名の学生に対して、年間に開講される授業の数は必修科目が約一八〇〇、選択科目が約一六〇〇にも上る。これらの授業は、一〇〇名を超える大人数講義から少人数の演習・ゼミナールまで、様々な形式で行われている。その中には、「アクティブラーニング」という用語が注目されるようになるずっと以前から、まさにアクティブラーニングの趣旨に合致するような方法・形式で行われていた授業やゼミナールが多数あることも事実である。

それにもかかわらず、特に「一、二年生の教育にアクティブラーニングを積極的に導入する」ことに力点を置いて、教育の改善に取り組んだのはなぜか。序章「なぜアクティブラーニングか　そして、『どのように』」（永田敬）では、大学の教育現場、そして現在の学生が抱えている問題に言及しながら、アクティブラーニング導入の経緯（＝なぜか）と過程（＝どのように）を解説する。

続く第1章「アクティブラーニングの理論と実践」（山内祐平）では、学習理論の立場から「アクティブラーニングとは何か」を平易に解説する。アクティブラーニングの源流は「経験から学ぶ」ことであるとの視点から、アクティブラーニングで用いられる具体的な技法を整理・解説し、大学教育におけるアクティブラーニングのあり方に言及する。

第2章「アクティブラーニングの実践論――世界の大学では」（林一雅・永田敬）では、アクティブラーニングの事例として、米国マサチューセッツ工科大学の物理教育の取り組みを紹介する。ＴＥＡＬ[1]と呼ばれるこの事例は、物理教育のために特別に設計された教室空間とＩＣＴ[2]環境を組み合わせたユニークな取り組みであり、先進的なアクティブラーニングの実践例として参考にすべき点が多い。さらに、そのＴＥＡＬを参考にしながら東京大学駒場キャンパスに設置したアクティブラーニング教室空間[3]について詳しく触れる。

第3章「学習者と社会の架け橋としてのアクティブラーニング」（山邉昭則）、第4章「英語で科学する——アクティブラーニングによる英語プログラム『ＡＬＥＳＳ』の取り組み」（トム・ガリー）では、東京大学・駒場キャンパスにおけるアクティブラーニングの実践例を取りあげる。大学では、学部そして大学院へと学年が進行して専門性が高くなるにつれて、情報収集・調査、思考・議論、執筆・発表などのアカデミックスキルの必要性が増大する。入学直後の学生にこれらのスキルを実践的に習得させると同時に、大学での学びの姿勢を身につけてもらうには、アクティブラーニングが効果的である。少人数の演習・ゼミナール、英語の必修科目であるＡＬＥＳＳ[4]について、実際に授業科目を担当した教員が具体的な授業実践法とその効果を解説する。

アクティブラーニングは、必ずしもコンピュータやインターネットなどのＩＣＴ環境を必要としないが、普段の生活の中ですらＩＣＴ抜きで物事を語るのが困難なほどの時代に、アクティブラーニングにＩＣＴを活用しようと考えるのは当然である。第5章「アクティブラーニングを支援するＩＣＴツール——タブレットＰＣを活用したソフトウェアの開発と実践」（望月俊男・西森年寿）では、今回のアクティブラーニング導入の取り組みに連携した学習支援ソフトウェアの開発と実践を紹介する。

第6章「新しい学びの場のデザイン」(加藤道夫・筑紫一夫)では、アクティブラーニング導入と相呼応して東京大学駒場キャンパスが取り組んだ「理想の教育棟」プロジェクト(5)を、大学のキャンパス計画の立場から解説する。このプロジェクトの狙いは、単にアクティブラーニング用の教室を増設するのではなく、アクティブラーニングの延長としてさらに目指すべき、より高次の主体的な学びのための「滞在型の学習空間」をデザインし、それをキャンパスの将来計画の中に位置づけることにあった。

本書の内容は、リベラルアーツを主体とする東京大学の前期課程教育、そしてその実践の場である東京大学駒場キャンパスに特有なことがらを数多く含んでいる。したがって、本書を手にとられた読者の皆さんにとって、その内容は必ずしも身近に感じられないかもしれない。しかし、もし本書を読まれた方が、アクティブラーニングに関して何らかの示唆＝ヒントを得ることがあったとすれば、教育の現場に身を置く者のひとりとして望外の喜びである。

(1) マサチューセッツ工科大学(MIT)のアクティブラーニングによる物理教育では、ICTを積極的に用いて電場・磁場などの概念を可視化することで学生の理解を深める工夫をしている。TEALはTechnology Enabled Active Learning (http://icampus.mit.edu/projects/teal/) の略称。詳細は第2章を参照のこと。

(2) ICT (Information and Communication Technology) は、情報処理・情報通信に関する技術・産業・設備・サービスの総称。単にIT (Information Technology) と呼ばれることも多いが、最近ではICTがより一般的に用いられるため、本書ではそれに従った。

(3) 東京大学駒場キャンパスには、アクティブラーニング教育空間のモデル教室として設置したKALS (Koma-

ba Active Learning Studio, http://www.kals.c.u-tokyo.ac.jp/）や21ＫＯＭＣＥＥ（21 Komaba Center for Educational Excellence）等のアクティブラーニング教育施設がある。詳細は第2章を参照のこと。

（4） 理系一年生向けのネイティブスピーカーによる英語の授業科目で、ＡＬＥＳＳはActive Learning of English for Science Students（http://ale.c.u-tokyo.ac.jp/joomla/index.php/aless-public）の略称。詳細は第4章を参照のこと。

（5） 二〇〇五年に就任した小宮山宏総長（当時）は「東京大学アクション・プラン」を公表し、東京大学の教育目標のひとつとして、広い学問的視野に立って様々な課題にチャレンジできる人材の育成に向けて「理想の教養教育の追求」を掲げた。その具体的プランのひとつが、これまでにない斬新な教育・学習空間を創る「理想の教育棟」プロジェクトだった。

目　次

序章　なぜアクティブラーニングか　そして、「どのように」

永田　敬

なぜ、アクティブラーニングなのか

最近、大学教育の成果に関して、大学が何を教えたかではなく、学生が何を身につけたかが問われる時代だと言われる。人材育成の観点から言えば、どう教えたかではなく、どのような人材が育ったかが重要であることは今も昔も変わらないはずであるが、私たちを取り巻く社会がより複雑に、かつ変化の速度が速くなり、あらゆる面でスピード感が求められるようになった分だけ、世の中に出たときに「役に立つ人材」を育てるという大学教育に対する要請が高まり、社会全体がその教育成果（educational outcomes）により敏感になってきたということだろう。人は促成栽培で育つわけではないので、人材育成は大学教育だけの問題ではないと個人的には思うのだが、教育機関の出口として社会に最も近いという点では、大学にも相応の責任があることは事実だ。そのため、多くの大学で、学生がどのような能力を身につけることを目指しているかという「教育目標」を掲げ、教育課程の修了時に学生の自己評価アンケートなどを実施することによって、教育目標の達成度を測るといった具体的な取り組みが行われている。その状況は、大学院を重点化し研究大学を標榜する東京大学においても同様である。

東京大学の学部教育課程は、教養教育を主体とする二年間の前期課程、それに続く専門教育を主体とする二年間の後期課程で構成されている。そこで、前期課程の修了時に文系・理系の学生全員を対象とする「教養教育の達成度についての調査」を実施している。図0・1に二〇〇七年度の学生自己評価アンケートの結果の一部を示す。二〇〇七年度は、教養学部が前期課程教育へのアクティブラーニング導入の取り組みを教育プロジェクトとして本格的に開始した時期である。

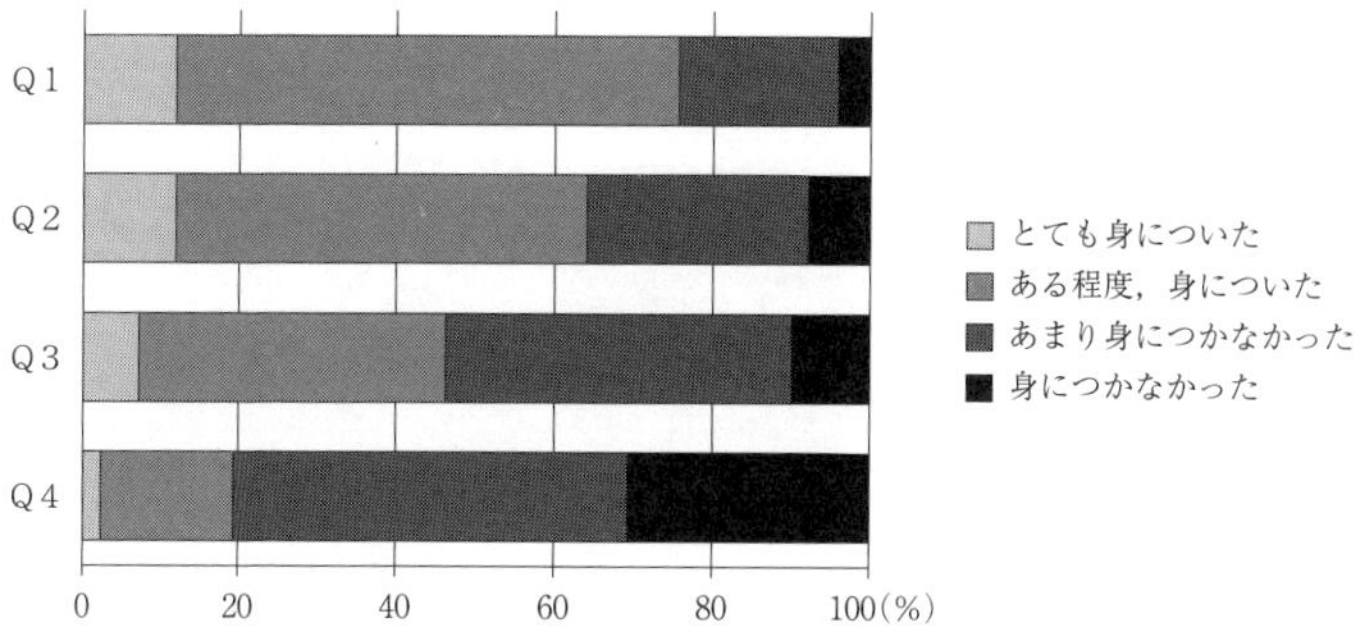

Q1：あなたは教養学部での学習を通して，学問的知識がどの程度，身についたと思いますか？
Q2：あなたは教養学部での学習を通して，論理的・分析的に考える力がどの程度，身についたと思いますか？
Q3：あなたは教養学部での学習を通して，自分の知識や考えを表現する力がどの程度，身についたと思いますか？
Q4：あなたは教養学部での学習を通して，他者と討論する力がどの程度，身についたと思いますか？

図 0.1　「教養教育の達成度についての調査」のアンケート結果
(http://www.c.u-tokyo.ac.jp/info/about/assessment/ から抜粋)

図０・１に示すように、二年間の前期課程の修了時に、学問的な知識や論理的・分析的に考える力が身についたと回答した学生の割合は全体の七〇パーセント程度に達するが、一方で、自分の知識や考えを表現する力や他者と討論する力が身についたとする学生の割合は二〇〜五〇パーセント程度である。特に、他者と討論する力の習得については、「とても身についた」「ある程度、身についた」を合計しても二〇パーセントにすぎない。これは、聴講型の授業が多い大学の学習環境に加えて、スマートフォンなどのＩＣＴ端末を使って過ごす時間が増え、他者と面と向かって会話する機会そのものが少ない現状とも無関係ではないだろう。自分の考えを論理立てて述べる、ある物事に対して自分なりの見解をもつ、

他者と議論しながら考えを深めるなど、議論や討論に必要となる能力＝「討議力」については、日本の学生は海外の学生に較べて劣っているのではないかという懸念が以前からも指摘されている。和を重んじ、論争を好まない国民性の問題としてこの懸念を片付けてしまうこともできるが、一方で、ハーバード大学教授の「白熱教室」①やＴＥＤカンファレンス②への高い関心が示すように、多面的な観点から意見を闘わせることができる討議力、多くの人を惹きつける高いプレゼンテーション能力に対して、多くの日本人が憧れにも近い羨望を持ってその必要性を感じていることも確かである。

　話題が大学教育から少し外れてしまうが、前述のような問題は決して大学レベルだけの話ではない。次に掲げた論評は、ある総合商社の会長が新聞に寄稿したものだが、ここでも「帰国しない子女」という切り口から、初等教育における同様の問題が指摘されている。言葉にせずともお互いの気持ちを慮ったり、言葉の壁を越えて通じる「おもてなしの心」が日本国民の良さであることは、海外の多くの人々の認めるところであるが、この「帰国しない子女」は、奥ゆかしさをよしとする日本人といえども、ひとりの個人として国際社会の中で活動していくためには、初等・中等教育の段階から、議論や討論のための鍛錬が必要とされる時代になったことを痛感させる。

　国際的にみても、自分の知識や考えを表現して他者と討論する力は、初等・中等・高等教育のすべての段階で、養われるべき大切な要素のひとつに位置づけられている。ここでは詳細を述べないが、たとえばＯＥＣＤ（経済協力開発機構）のＤｅＳｅＣｏ③プロジェクトでは、グローバル化・高度化した現代社会において、急激な変化に柔軟に適応し、様々な課題にチャレンジして社会的な役割を果たすために必要となる

あすへの話題『帰国しない子女』双日会長　加瀬　豊（『日本経済新聞』2012年10月29日夕刊）

「僕だけ帰ってきました．女房と子供はそのままいるそうです」．最近，帰国した駐在員からこんな報告を受ける機会が増えている．家族を海外に残したまま，寂しい父親の里帰りである．

“帰国しない子女”は，中学・高校を欧米で過ごした子供たちに多い．そのまま欧米の大学に進学して勉強を続け，世界的な企業に就職して活躍する，というのが典型的なパターンといえよう．

彼ら，彼女らはなぜ日本に帰国しないのか？　両親たちの話から，遠因として有力な仮説が浮かび上がってきた．初等教育で盛んに採り入れられている“Show & Tell”と呼ばれるカリキュラムがそれだ．

例えば毎日，クラスの１人か２人が順番で，自分がいちばん大切にしている宝物をみんなの前で披露する．これはいつ，どんなとき手に入れたもので，自分にとってなぜ宝物なのかを説明する．そして，それに対しクラスのみんなが質問を返し，意見を交わす．

こうした訓練を幼少期から積んだ彼らは，中学・高校にもなれば，人前で自分の意見を堂々と述べることが当たり前のようにできるようになる．個性と個性をぶつかり合わせながら，多くの友達を作り，将来に向けた目標をしっかりと定めていく．

そんな環境に育った帰国しない子女たちから見ると，日本の社会はいかにも「ぬるま湯」で，自分を成長させる場としては選択肢から外さざるを得ないという．

多くの企業が「グローバル人材の育成」を焦眉の課題として抱える産業界に対し，日本の教育はどう応えていくべきか――．“帰国しない子女”たちの心の叫びに耳を傾けたい．

能力（コンピテンシー）が定義されている（ライチェン・サルガニク、二〇〇六）。キーとなるコンピテンシーは三つの大きなカテゴリーに分類され、①道具（例えば、言語、テクノロジー）を相互作用的に使う、②異質な集団の中で交流する、③自律的に活動する、とされている。[4] 私たちが「討議力」と呼んでいる能力もこれらのコンピテンシーに内包されるものであろう。また、学力の世界標準とされる国際バカロレアが、個人が地域や国あるいはグローバルな社会の責任ある一員となるために必要な「学習者の姿勢」[5]として掲げている項目の中にも、共通項を見いだすことができる。

このような状況の中で、知識伝達型の授業形態が大勢を占めてきた日本の大学においても、自分の知識や考えを表現する力、他者と討論する力を養う機会を教育の中に採り入れる必要性があることは、教員の誰もが感じているだろう。しかし、専門教育の基礎となる学力・知識の習得に主眼が置かれ、発信力よりもまずは基礎学力をつけることが大切だと考えられてきた一、二年生の教育課程では、「教卓・黒板・チョーク、毎年少しずつ書き込みが増えて厚くなっていく教授の（色褪せた）講義ノート、必死に板書を書き写す学生」の意識から抜け出すことは、教員にとっても学生にとってもそれほど容易なことではない。私たちのふだんの生活でも、何か特別なきっかけがないかぎり、自分から意識して生活習慣を変えるのはなかなか難しいのと同様である。

そのような状況を打破するためには、前述の「教養教育の達成度についての調査」のアンケート項目のように、まずは目に見える指標を使って誰もが問題点を共通に認識できる状況をつくり、その問題点を改善するために教育プロジェクトを立ち上げて予算措置を講じるなど、ある種の「内外に見える」しかけが必要である。[6] また、そのしかけによって、どのような問題を解決するために何をしたいのかをわかりやすく伝えるキーワードの存在も重要である。「アクティブラーニング」は、二〇〇七年の時点でまさに時宜を得たキーワードであった。

どのようにアクティブラーニングを導入したか

一、二年生の教育課程にどのようにアクティブラーニングを導入したかに関連して、自身も含めた大学の教員について、平素から感じていることを率直に述べる。大学教員の多くは、研究分野や研究業績によって採用されるため、職を得た時点で「教授法」をきちんと学んだ経験を持っている教員は（恐らく極めて）少ない。しかし、「教員」として採用されれば、授業を担当することが必定である。担当する授業内容がどんなに自分の専門分野に近くても、まったく何も準備せずに教室に出かけて行って九〇～一二〇分間きちんと筋道だった話をできる人などまずいないと思う。したがって、毎年繰り返して担当する授業科目であっても、授業の前には必ず準備をするし、ましてや、初めて大学で職に就いたり、異動した最初の年には、相当の時間とエネルギーを割いて授業の準備に追われる。その時は夢中であるが、少し時間が経って自分の教授法を振り返ってみると、実は自分たちが学生時代に（その科目を）教わった先生のスタイルを多かれ少なかれ踏襲していることに気がつくことが多い。

今、大学で教鞭をとっている教員の多くは、黒板とノートを使った知識伝達型の授業方式で教育を受けた世代である。その現状は、新たな教育手法やＩＣＴによる教育・学習支援の手法を大学の授業に積極的かつ広範に取り込むことを難しくしている要因のひとつと言えよう。

さて、東京大学の前期課程教育にアクティブラーニングを導入するための教育プロジェクトでは、従来のカリキュラム改革や教育改善にはなかった二つの要素が組み込まれた。ひとつは「教育工学と教育現場との連携」であり、もうひとつは「新たな教室空間の設置」である。この二つは、大別すればソフトウェアとハードウェアとも言えるが、相互に切り離せるものではなく、両者ともにプロジェクトの推進には欠かせない要素であった。

教育工学は、大まかに言えば、教育手法や教育の支援技術を研究・開発・評価する分野だが、教育学の分野としては比較的新しく、そのため国内の研究者の数もまだそれ程多くない。正直なところ、二〇〇七年当時の駒場キャンパスには、「教育工学」という分野名を耳にしたことすらない教員が多数いたと思う。一方で、ＩＣＴの爆発的な進展と広がりを受けて、海外ではすでに九〇年代後半から教育へのＩＣＴ活用に対する関心やＩＣＴ導入による教育改善の機運が高まっており、教育工学の分野にはＩＣＴによる教育・学習支援、アクティブラーニングへのＩＣＴ活用に関連する多くの情報やノウハウが集積されていた。そこで、学内の教育工学の専門家と実際に教育に携わっている教員が連携することで、教育現場ではその情報やノウハウを導入して授業の設計や改善に活かすことができ、教育工学の側は新たな教育手法やＩＣＴ支援ツールを実践的に教育現場に適用する機会を得ることで、双方にメリットのある実施体制を組むことが可能となった。

そのような連携のなかで、当初、私たちが掲げた「アクティブラーニング」は、現象・データ・映像な

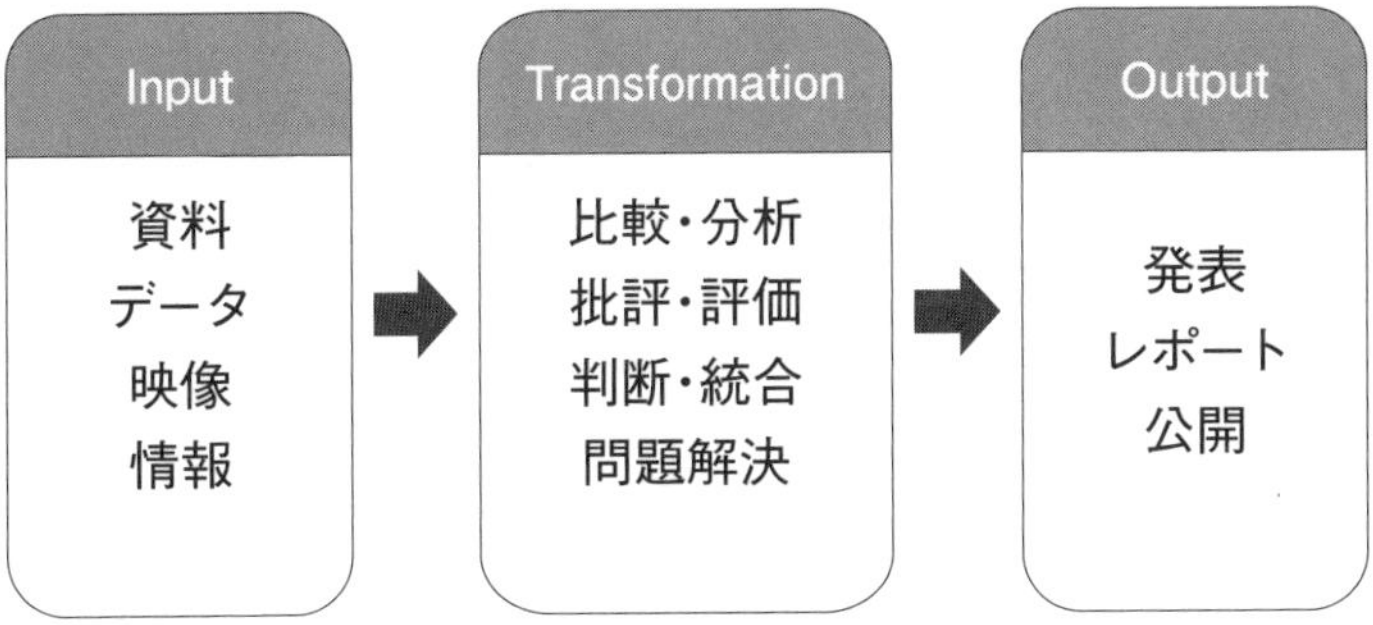

図0.2　入力—変換—出力過程（input-transformation-output process）に模したアクティブラーニングの概念図

どのインプットに対して、読解・作文・討論などを通じて分析・評価・課題解決を行い、その成果を発表・レポートの形でアウトプットするまでの能動的な学習過程を含んだ教育プログラムとして設計された。これを一般的な入力—変換—出力過程に模して図式化すると、図０・２のようになるだろう。それぞれの過程に学生個人が行う「個別学習」と数名の学生がグループで行う「協調学習」を適度に組み込むことによって、ＤｅＳｅＣｏや国際バカロレアで挙げられている学習の要素をとり入れ、さらに、より効率的な学習活動を支援するためにＩＣＴツールを実装することを目指したのである。

　アクティブラーニングの効果的な実践には、能動的な学習活動や協調学習を授業に入れ込むといった授業スタイルの変更だけでなく、そのスタイルに適した教室空間が必要である。二〇〇七年五月に駒場キャンパスに設置されたＫＡＬＳは、ＩＣＴ支援を念頭においたアクティブラーニングのモデル教室として、教育工学の専門家である山内祐平（第1章の執筆者）によって設計された教室である。本書の第２章でＫＡＬＳを紹介しているので、ここでは詳細を割愛するが、特殊な形状の可動式机や壁三面のプロジェクター、グループ討議などに用いるディスカッションボードなど、アクティブラーニング型の授業に対応するための様々な工夫が施されている。

アクティブラーニング導入のプロジェクトは、このように「教育工学と教育現場との連携」と「新たな教室空間の設置」によって、既存のいくつかの授業をアクティブラーニングのモデル授業につくり変えることから始まったが、それらの授業は新たに導入した教育手法を評価・改善していくための試行モデルというだけでなく、アクティブラーニングのハードとソフトの両方を見学できる「ショールーム」としての役割も果たした。第4章の執筆者であるトム・ガリーは、英語教育プログラムALESSをモデル授業として先駆的に実施したひとりである。これらの授業の一部を公開することやワークショップを開催することによって情報やノウハウを共有し、さらにアクティブラーニングを授業に採り入れようとする教員を教育工学の専門スタッフが支援する体制をつくることで、「アクティブラーニング」という用語と実践が徐々にキャンパスに浸透していったと言えよう。

最後に、教室空間について少し補足しておきたい。私たちは、KALSのようなアクティブラーニング向けの教室を通常の講義用の教室と区別するために「スタジオ教室」と呼んでいる。「はじめに」で述べたように、スタジオ教室の設計に際して参考にしたのがマサチューセッツ工科大学のTEALであった。TEALに用いられている教室とKALSの相違は、前者がICTを積極的に組み込んだアクティブラーニングによる物理教育（力学・電磁気学の授業・実験）のための教室として設計されているのに対して、後者はより多様な授業科目を想定して設計されている点である。二つの教室空間の特徴を「ICTの活用

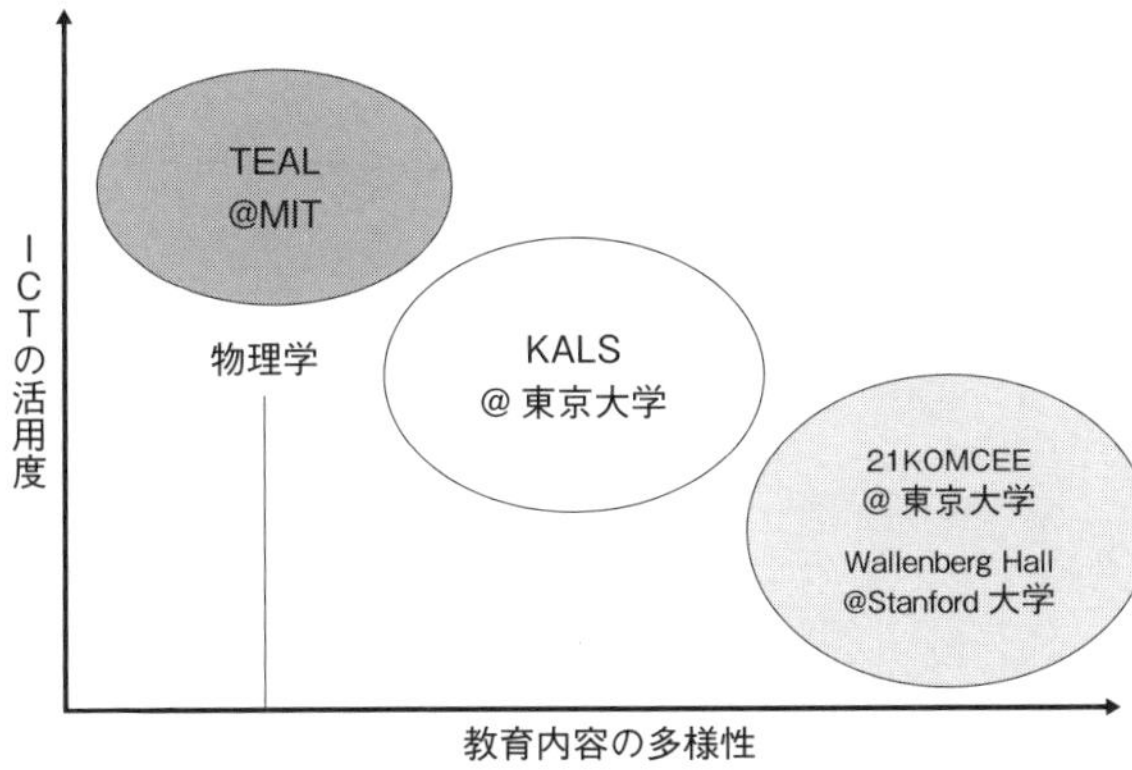

図 0.3　“ICTの活用度”と“教育内容の多様性”の観点からみたアクティブラーニング教室空間の位置づけ

度」と「教育内容の多様性」という軸でプロットすると、図0・3のように位置付けることができる。

　KALSでの実践経験は、駒場キャンパスの「理想の教育棟」プロジェクトに活かされ、二〇一一年五月には九つのスタジオ教室群をもつ21KOMCEE[7]が完成した。KALSと比較すると、21KOMCEEのスタジオ教室群は、「教育内容の多様性」をより重視して設計され、ICT活用よりも、むしろ討論や協調学習による教育改善を主眼とする教員が、様々な授業科目を実施できるような配慮がなされている。図0・3では最も右下に位置し、例えばスタンフォード大学のウォレンバーグ・ホール（Wallenberg Hall）[8]に類似した教育空間に分類してよいだろう。第6章で加藤道夫と筑紫一夫が述べているように、このような新たなコンセプトに基づく教育棟のデザインは、収容定員によって画一的に教室の形や大きさが決まってしまう一般の講義棟のデザインと比較して、より考慮・工夫すべき点が多く、ユーザーである教員の意見やアイデアを採り入れるための多くの作業が必要であった。

また、大学のキャンパス計画の観点から見れば、ＫＡＬＳというモデルルームが先行して設置され、そこでの教育実践の経験があったことは、それまでとは設計思想が全く異なるアクティブラーニング教育棟21ＫＯＭＣＥＥの建設を推し進める上で、ひとつの重要な鍵となったことは間違いない。

（1）ハーバード大学のマイケル・サンデル教授の「政治哲学」の講義は、例えば「命に値段はつけられるか?」といったテーマに関して、多数の学生との「白熱した」議論を通して授業を展開していくことで知られ、テレビ放映などでも人気を博している。

（2）ＴＥＤカンファレンスは、学術・芸能・デザイン・政治など様々な分野の人物による超一流のプレゼンテーションで有名な米国 Technology Entertainment Design が主催する国際規模の講演会である。

（3）Definition & Selection of Competencies の略語。詳細はライチェン・サルガニク（二〇〇六）、OECD（2005）を参照のこと。

（4）原語では、① Use tools interactively（e.g. language, technology）、② Interact in heterogeneous groups、③ Act autonomously である。①の「道具を相互作用的に使う」という表現はピンとこないかもしれない。その意味するところは、例えば、「話す・書く」など他者との意思疎通に必要となるコミュニケーション能力やリテラシー、知識や情報を整理・活用する能力やリテラシーを身につけているということである。

（5）国際バカロレア（International Baccalaureate）がめざす学習者像（IB learner profile）の一〇項目：Inquirers（探究心がある）、Knowledgeable（知識が豊富である）、Thinkers（思考力がある）、Communicators（周囲とコミュニケーションできる）、Principled（信念を持っている）、Open-minded（偏見をもたない）、Caring（思いやりがある）、Risk-takers（リスクを恐れない）、Balanced（バランスが取れている）、Reflective（きちんと内省する）。

（6）　東京大学教養学部では、アクティブラーニングの導入に向けたしかけとして、二〇〇七〜〇九年に文部科学省現代的教育ニーズ取組支援プログラム（現代GP）「ＩＣＴを活用した新たな教養教育の実現——アクティブラーニングの深化による国際標準の授業モデル構築」を実施した。

（7）　21 Komaba Center for Educational Excellence と名付けられた教育棟は、アクティブラーニングを主体とする「滞在型の学習空間」としてデザインされ、Ｗｅｓｔ（Ⅰ期棟）（二〇一一年五月竣工、総面積四五〇〇平方メートル）とＥａｓｔ（Ⅱ期棟）（二〇一四年六月竣工、総面積七五〇〇平方メートル）から成る。Ｗｅｓｔ（Ⅰ期棟）は、討論や発表、協調学習や身体表現などの授業形態に適したスタジオ教室群、教員・学生の交流や自習のためのオープンスペースとレクチャーホールで構成されている。Ｅａｓｔ（Ⅱ期棟）には、理系の必修科目「基礎実験」のための実験室フロアや先端科学との教育連携を目指す教養教育実験スペースなどが設置されている。

（8）　スタンフォード大学は、一九九九年にスウェーデンの Wallenberg 財団からの多額の寄附によって構内の建物一棟の大規模な改修を行い、ラーニングシアターやＩＣＴ学習環境を整備した新たな教育拠点 Wallenberg Hall（http://wallenberg.stanford.edu/about.html）を設置した。

参考文献

ライチェン、ドミニク・サルガニク、ローラ（編著）、立田慶裕（監訳）（二〇〇六）『キー・コンピテンシー——国際標準の学力をめざして』明石書店。

OECD (2005). "The definition and selection of key competencies: Executive summary." OECD (www. deseco. admin. ch).

第1章　アクティブラーニングの理論と実践

山内祐平

大学教育の現場では、学生が何らかの能動的な活動を行う授業形態を従来の知識伝達型の講義と対比させて「アクティブラーニング」と呼ぶことが多い。一方、教育実践法の観点から眺めたときに、アクティブラーニングの源流はどこにあり、どのように概念が形成されてきたのか、さらには実践の中でどのような技法が開発されてきたかについて、実際に「アクティブラーニング型」の授業を担当している教員が知る機会は意外と少ないのではないだろうか。本章では、教育工学を専門とする筆者が教育実践の立場から「アクティブラーニングとは何か」を解説する。

1　アクティブラーニングとは

国際化や情報化により社会は大きく変化しており、大学に求められる教育の形も変わりつつある。従来は教授が専門的知識を講義し、学生がそれを聞いてノートをとるという形がほとんどであったが、問題解決の過程や小集団による議論を取り入れることによって、学生が講義を聞くよりも能動的に授業に参加することを重視する「アクティブラーニング」と呼ばれる学習形態が世界的に注目されている。

アクティブラーニングは、一九八〇年代から一九九〇年代にかけてアメリカの高等教育改革の中で、現場を中心に草の根的に普及していったが、その背景には大学の大衆化がある。

一九九〇年にアメリカの大学進学率は五〇％を越え、多様な状況の学習者に対して教育の質を保証することが求められるようになった。

従来のように講義をしているだけでは、授業が理解できない学生が出現した。そのため、この時期からレポートライティングの個別指導を行うライティングセンターに加え、教科内容の学習を支援するラーニングセンターが全米各地で設置されるようになっていった。

この動きと表裏一体の関係にあるのが、授業の方法改善である。ファカルティ・ディベロップメント（FD）の動きとも連動しながら、学習者がより能動的に授業に参画できる方法が模索され、「アクティブラーニング」という言葉が広がっていくことになる。

このような経緯で広がった言葉であるため、アクティブラーニングは明確な定義を持つ学術用語というよりは教育実践で用いられる用語と考えた方がよいだろう。

ボンウェルらは、著書『アクティブラーニング――教室の興奮を創る』（Bonwell & Eison, 1991）の冒頭で「驚くべきことに、教育者の『アクティブラーニング』という用語の利用は、共通の定義というよりも、直感的理解にもとづいたものである」と述べている。また、多くの文献で用いられているアクティブラーニングという言葉にいくつかの共通した要因を指摘している。

・学生は聞いているだけの状態よりも授業に関与している。
・教師から学生への情報の伝達よりも、学生の能力開発を重視する。
・学生は高次の思考活動（分析、統合、評価）に従事している。
・学生は何らかの活動をしている（読書・議論・作文など）。
・学生自身の態度や価値観に基づく探索活動の重要性が強調される。

彼らはアクティブラーニングをこれらの特徴から「読解・作文・討論・問題解決などの活動において分析・統合・評価のような高次思考課題を行う学習」と操作的に定義している。本章においてもこの定義をもとに議論を進めていくことにしたい。

2　アクティブラーニングの技法

アクティブラーニングにおいては様々な教育方法が用いられているが、ザヤプラガサラザン（Zayapragassarazan & Kumar, 2012）は、アクティブラーニングでよく用いられる一二の技法を整理している。

①　コンセプトマップ

抽象的なアイデアを図にすることによって学ぶことは一般的に行われているが、概念間のつながりを関係図にした「コンセプトマップ」は特にアクティブラーニングでよく活用されている方法である。つながりを図にする際に学生は能動的に考え議論することになるからである。

②　協同的執筆

書く作業はアクティブラーニングの重要な要素であり、グループワークの作業に関してひとりのレポート執筆者のみ学ぶことを避けるために、章を分割して執筆し、それを持ち寄ってレポートにまとめるという活動が有効である。

③　ブレインストーミング

アクティブラーニングにおいて批評的思考は重要な学習対象であるが、問題解決の技法としてあえて批判や論評をはさまず、できるだけ多くのアイデアを出すブレインストーミングの活動を導入することがある。様々な学生の意見を集約して問題に関連する概念をできるだけ多く共有し、その後批判的に検討するというステージに移る。

④　協調学習

個人よりも小集団で学ぶ方が、他者との相互作用により学習が深まるという現象は、古くから教育方法として活用されており、アクティブラーニングにおいても重要な技法のひとつとしてとらえられている。

⑤　ミニットペーパー・自由記述

学習者があるトピックもしくは教員からの問いかけに対して、数分で短い文章を書くという方法である。授業中に用いることによって学習者の理解を深め、他の学習者の意見を共有できるというメリットがある。

⑥　シナリオ・事例研究

教員があらかじめ設定したシナリオや事例について、グループでディスカッションする方法である。具体的な事例や状況に基づいて分析し知識を活用する能力が育成される。

⑦　問題設定型学習（Problem-Based Learning）

教員によって設定された問題を解決することによって学習する技法である。一般的に問題は授業で必要な知識や技能がないと解けないレベルのものが設定されており、学習者が知識や技能を獲得しそれを問題解決に応用するプロセスを教員が支援するという形で学習が進む。

⑧　チーム学習（Team-Based Learning）

チーム学習は協調学習の一形態であるが、経営学、自然科学などで比較的大人数の講義室で運営できるよう独自の形式として確立されたものである。複数の学習者によるチームを作った後、教育内容の基礎的な部分は予習として行ってくる。予習状況をレディネス評価テストで確認した後、グループで応用課題に取り組む。チームの連帯を同時に育成する点がチーム学習の特徴である。

⑨　事例設定型教授（Case-Based Instruction）

事例設定型教授は、問題設定型学習のバリエーションである。問題設定型学習においては問題が最初に提示され、それに必要な知識や技能がその後で学習されるのに対し、事例設定型教授では、まず必要な知識や技能について授業で学び、その後現実状況に学んだことを適用するという順序で学習が行われる。

⑩　パネルディスカッション

パネルディスカッションでは、学生が発表した事柄に関して質問を受け、議論する活動が行われる。ディベートのように、対立した立場を設定した議論もこの形態に含まれる。

⑪　教えることによって学ぶ・相互教授

自分が持っている知識や技能を他者に教えることによって学ぶ活動である。優秀な学生の場合、教員のかわりにクラス全員に教えさせることもある。教員はファシリテータとして学生同士の教授学習プロセスを支援する。

⑫　ロールプレイ・演劇・シミュレーション

ロールプレイや演劇を用いることによって、概念の理解だけでなく、共感のような情意的な資質を高められる。また、シミュレーションを行うことによって、失敗を恐れずに現実で起きることについて試すことができる。

これらの技法の多くは、アクティブラーニングという言葉が普及する前から用いられている。すなわち、学習者の能動性を担保する教育方法が必要になったとき、すでに行われていた先進的な教育実践からモデルが抽出され組み合わされたのである。

3 経験から学ぶ

アクティブラーニングが参照した先進的教育実践において、源流となるものが経験学習である。ヘンドリクソン（Hendrikson, 1984）は、アクティブラーニングという言葉が、社会科教育において経験学習と同様の意味で使われていることを指摘している。完全に同義として取り扱う場合と経験学習は学校外、アクティブラーニングは学校内と区分けする場合があるが、学習活動の観点から見た場合、参加体験型学習、探求型学習、共同体型学習という三つの共通点があるという。この指摘に限らず、アクティブラーニングの文献において、経験学習やその代表的研究者であるデューイを引用するものは多い。

図1・1は、経験学習の研究者であるデイビッド・コルブがまとめた経験学習の三つの系譜である。レヴィン、デューイ、ピアジェは、それぞれ経験学習理論の確立に重要な役割を果たした研究者であるが、特にデューイの「為すことによって学ぶ（learning by doing）」という考え方は広く普及しており、経験学

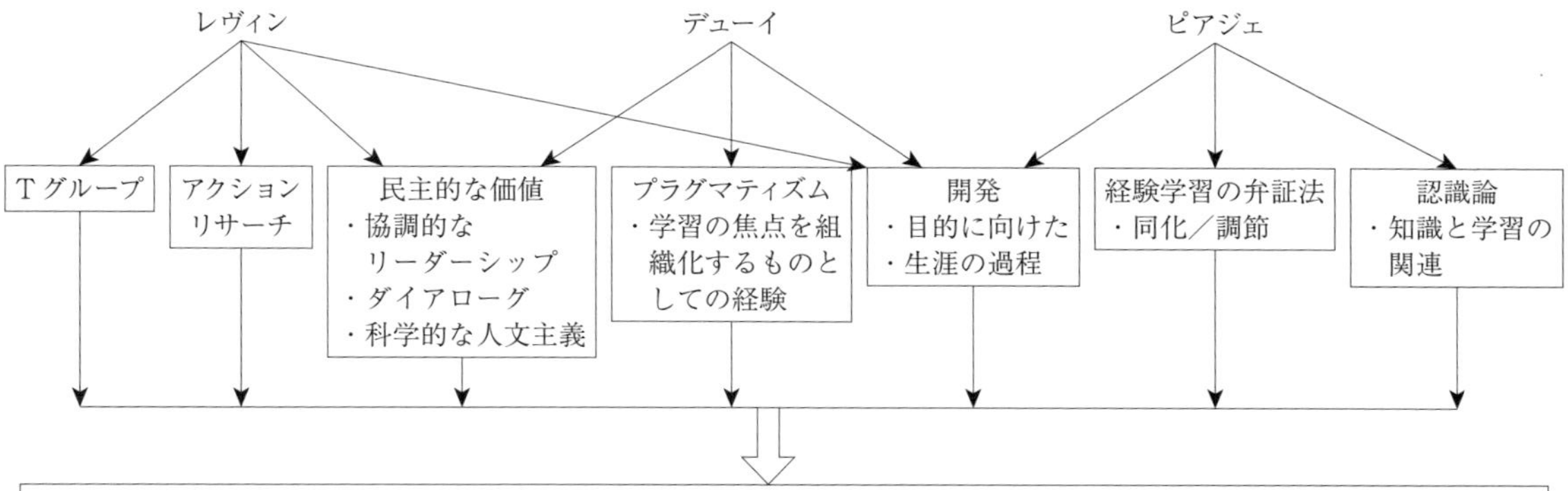

経験学習理論の現代的な適用				
社会的な政策とアクション	能力に基づいた教育	生涯学習とキャリア発達	経験的な教育	カリキュラム開発
象徴的／技術的文化へのアクセスと影響 ・マイノリティ ・貧困層 ・肉体労働者 ・女性 ・開発途上国 ・アート	・先行する学習の評価 ・評価センター ・能力中心のカリキュラム	・大学以外の教育産業 ・高等教育における成人発達プログラム ・学習と仕事の統合	・協同教育 ・インターンシップ ・シミュレーション ・体験的な実習 ・職場内の訓練・学習	ブルーナの「全ての課題は全てのレベルにおいて教えることが可能である」というマニフェストの実施

図1.1　経験学習の3つの系譜（Kolb, 1984）

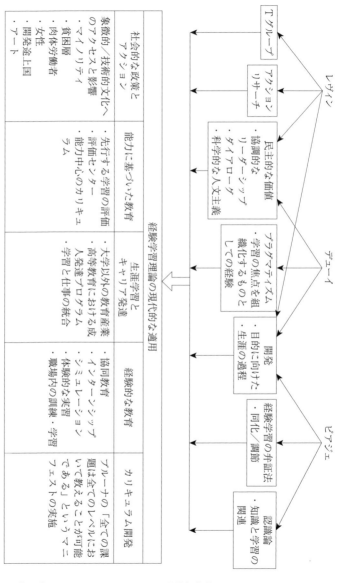

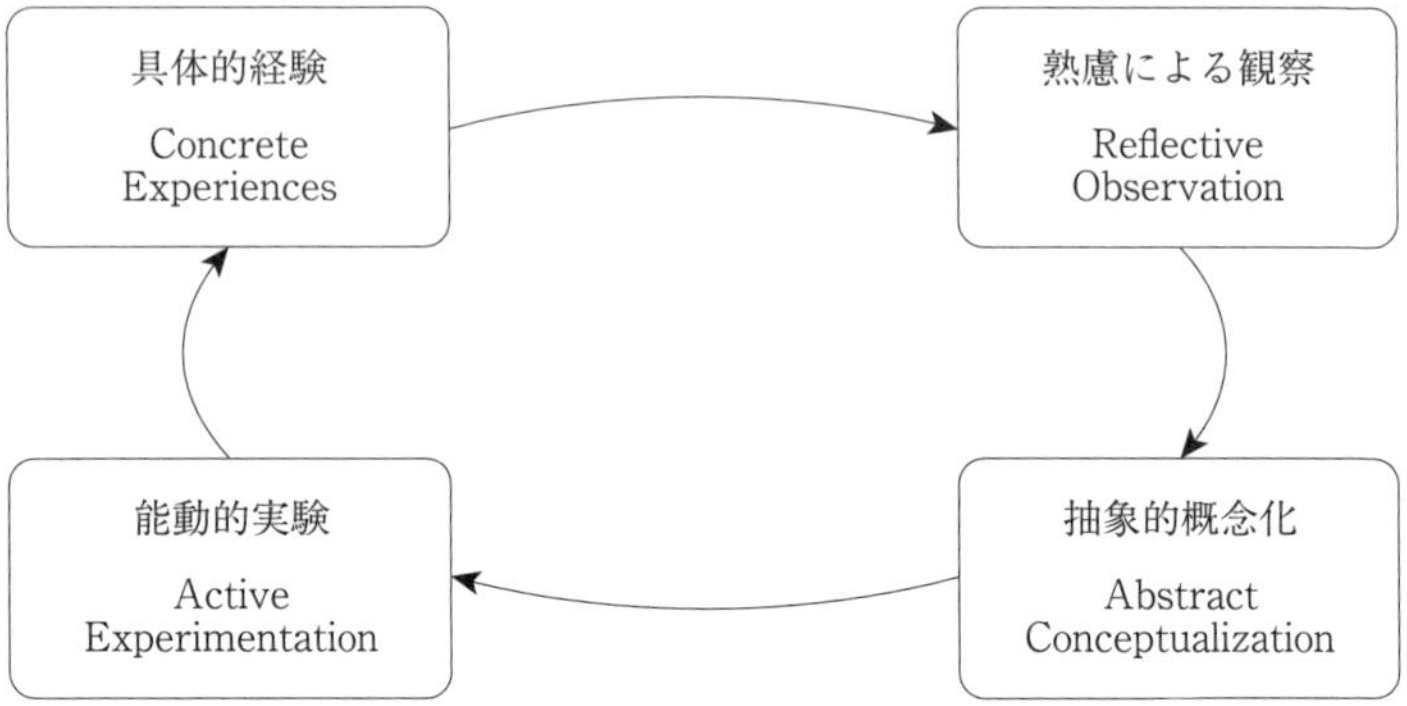

図 1.2　コルブの経験学習サイクル

習の基盤としてとらえられている。

ただし、デューイは為すことと学ぶことの間に思考を位置づけており、経験と学習が直結しているわけではない。デューイは著書である『学校と社会』において「思考ないし熟慮は、われわれがしようと試みることと、結果として起こることの関係の認識である。思考という要素を何ら含まないでは、意味をもつ経験はありえないのである」（デューイ、一九五七、一二三〇頁）と述べている。試行錯誤的な経験だけでは十分ではなく、思考や熟慮につながる過程が重要なのである。

デューイが重視した経験から思考を経て学習する過程を定式化したのが、前述のコルブである。

コルブは、デューイの経験から思考を経て学習するプロセスを、四段階の円環モデルにまとめている（図1・2）。

①　具体的経験から熟慮と観察

すでに経験したことを振り返り、その背景にある要因について、観察や想起によって深く考え、予測を導きだす。

② 熟慮と観察から抽象化・一般化

熟慮と観察から得た予測について、他の知識も動員しながら検討し、具体的な事例から抽象化して一般的な概念につなげる。

③ 抽象化・一般化から仮説の設定へ

生み出した一般的な概念を具体的な状況で確認するために、新しい状況で経験するための仮説を設定する。

④ 仮説の設定から具体的経験へ

仮説をもとに、もう一度具体的な経験活動を行う。前回の経験との差分が、このサイクルで起こった学習になる。

アクティブラーニングは学習者の能動性に着目した概念であるが、単に様々な活動を能動的に行っていればよいのではなく、経験学習のサイクルが回っている必要がある。そのためには、経験を抽象化する反省的思考のプロセスと、抽象概念をもう一度経験にもどすためのデザイン的思考のプロセスが授業の中に組み込まれている必要がある。

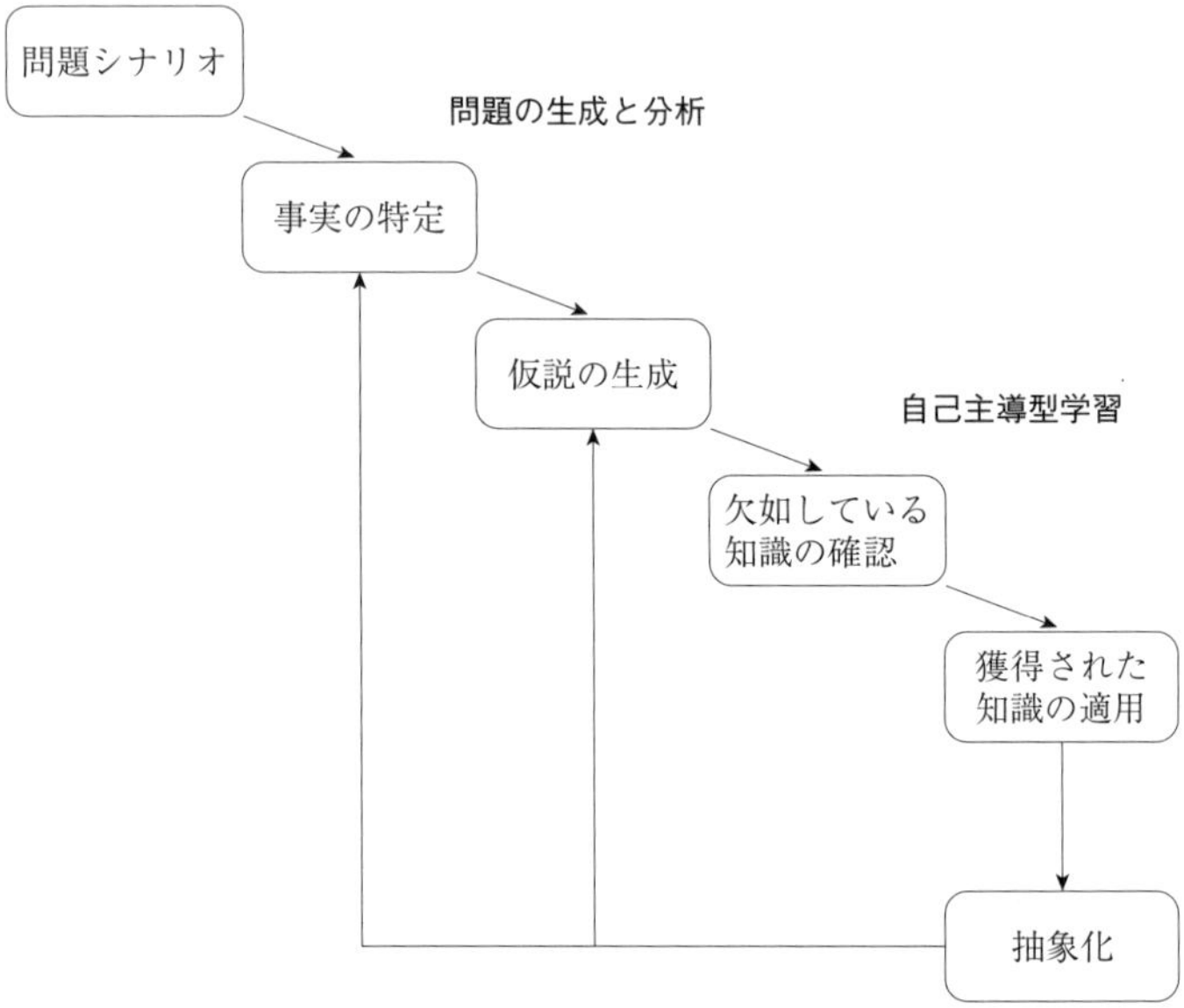

図 1.3　問題設定型学習のサイクル（Hmelo-Silver, 2004）

4　課題を設定して学ぶ

コルブの経験学習モデルは、人が経験から学ぶ際の一般的な流れを模式化したものである。これを授業の中で展開するためには、このサイクルを駆動するための学習状況の設定が不可欠である。そこで一般的に行われているのが、解決しなければならない課題状況を設定し、それに挑戦する経験から学ばせるやり方である。高等教育で多く用いられている方法として、問題設定型学習とプロジェクト型学習がある。

問題設定型学習（Problem-Based Learning）

課題をあらかじめ設定する形の学習は、デューイの経験学習理論の影響を受けて、初等中等教育から高等教育まで幅広い領域で展開されてきた。先述のザヤプラガサラザン（Zayapragassarazan & Kumar, 2012）の整理の中では、問題設定型学習と事例設定型教授がこのカテゴリーに入る。特に問題設定型学習は、一九七〇年代にカナダのマクマスター大学で開発された医学教育の技法が様々な専門領域で利用されるようになっており、アクティブラーニングの代表的な方法のひとつになっている。

問題設定型学習は、一般的に次のようなサイクルで学習が進む（図1・3）。

① 問題シナリオの提示

教員から問題シナリオが提示される。医学教育では患者が健康上の問題を医者に相談している様子などが使われる。シナリオは状況を説明するものであり、問題や事実をどう抜き出すのかには一定の自由度がある。

② 事実の特定

シナリオの中から確認できる事実を抜き出す。健康上の問題であれば、データとして確認できる情報を整理し、仮説の生成につなげる。

③ 仮説の生成

事実の集積から、問題状況を説明する仮説をたてる。患者の症状から考えられる病気の候補が仮説にあたる。

④　欠如している知識の確認と自己主導型学習
仮説の妥当性を確認するために必要な知識を確認し、足りないものがあれば教材を利用して自ら学ぶ。仮説として考えられる病気だと判断するのに必要な知識を自分が持っていなければ、教材を通じて学ぶ。

⑤　獲得された知識の適用
学んだ知識をシナリオにあてはめ、健康上の問題を解決できそうかどうかについて推論する。

⑥　抽象化
他の学習者や教員と議論し、学習したことを抽象化する。また、学んだことから事実の認識や仮説の導出が妥当であったかどうかを評価する。

問題設定型学習は、教科書のように記述可能な構造化された知識を習得する際に、単なる知識の記憶にとどまらず、応用可能な形で定着できることにメリットがある。すでに展開されている授業をアクティブラーニングにする際には有力な選択肢になる。その一方で問題設定型学習は従来の講義型授業より時間がかかるのも事実である。カリキュラムの中で特に核になる知識や技能を選び出し、メリハリをつけて導入することが必要になってくるだろう。

プロジェクト学習（Project-Based Learning）
問題設定型学習では、対象となる問題は教師があらかじめ決めておくことになる。問題設定型学習の学習目標は、知識や技能の習得と状況への適用であり、問題状況が決まらないと、習得すべき知識・技能が明らかにならないためである。

これに対し、問題の設定そのものも学習者にゆだね、解決のための方法についてもオープンに考えさせる学習がプロジェクト学習である。

プロジェクト学習は「複雑な課題や挑戦に値する問題に対して、学生がデザイン・問題解決・意思決定・情報探索を一定期間自律的に行い、リアルな制作物もしくはプレゼンテーションを目的としたプロジェクトに従事することによって学ぶ学習形態」(Thomas, 2000) である。

デザインという言葉が入っていることからもわかるように、工学系や芸術系などで取り入れられてきた方法である。

トマス (Thomas, 2000) は、プロジェクト学習が成立する条件として以下の五点を挙げている。

① プロジェクトがカリキュラムの中心であること

知識伝達型の授業が講義による知識の伝達を中心としているのに対し、プロジェクト学習では、学生が「リアルな制作物もしくはプレゼンテーション」を作る活動が中心になる。その活動は問題解決的であるが、分析や批評が中心の問題設定型学習と相違がある。

② 学問の中心概念を取り扱う問題に焦点化されていること

プロジェクト学習は作る中で学ぶという意味で経験学習的であるが、学校で実施される場合は、その問題が学問の中心概念と強く関係している必要がある。そうでない問題を取り扱ってしまうと、学校で学んだことと切り離され、浅い学習しか起きなくなってしまう。

③　学生の構成主義的探索が含まれていること

問題の設定や課題解決方法の探索、実装としてのデザインなどの活動において、学生は自ら必要な知識を構成する。あらかじめ設定した答えを「見つける」のではなく、自分なりの試行錯誤の結果を形にすることが重要である。

④　ある程度、学生主導であること

教員は学生の試行錯誤を側面から支援する「ファシリテータ」の役割を果たす。大学で行う以上、適切な介入や援助による学習の保証は必要であるが、原則として学生自身が自ら探究や制作活動を行うことになる。

⑤　学校的でなく、リアルであること

学校では、学習者が短時間で理解しやすいように複雑な問題を単純化して学習者に提示することが行われる。しかしながら、学校を卒業して社会に出れば、現実の問題は様々な要素が複雑にからみあっているために解決が難しいものが多い。プロジェクト学習ではあえてリアルな問題を取り扱うことによって、学習者の高度な問題解決能力につなげることが可能になる。

プロジェクト学習では、大学卒業後に学生が直面する必ずしも課題が明らかになっていない状況での学習をあらかじめ経験しておくことができる。成功しているプロジェクト学習では、領域固有の知識や技能に加え、コミュニケーション能力や批判的思考など高次能力の伸びも見られ、学習効果も高い。ただし、問題設定型学習以上に学習者の負荷が高いことと、教員の十分なサポートがないと失敗しやすい点には注意が必要である。プロジェクト型の学習はカリキュラムの核として設定し、複数の教員とティーチングアシスタントが丁寧にサポートする体制を作る必要がある。

5　他者とともに学ぶ

伝統的な一斉授業では、教員が説明し、学習者がその説明を個人でノートにとるという形が一般的である。質疑応答以外に他の学習者が何を考えているかを知る機会はなく、基本的には個別に学習をしている。大講義室で行われる一斉授業は低コストで知識を伝えることができ、この方法が普及した近代においては合理的な選択であった。

現在、アクティブラーニングで採用されている教育方法の多くは、小集団学習やディスカッションを取り入れたものになっている。

経験学習では、本質的に他者とともに学ぶという側面が重視されてきた。デューイによれば学習は民主主義的社会実現に不可欠なプロセスであり、協調的なリーダーシップや対話から学ぶということは、それ自体が重要な目標になりえたからである。よって、問題設定学習や後述する協同学習など経験学習の影響を受けた方法では、教科内容の習得とともに、チームで協力して学ぶこと自体が目標として挙げられている。

一九八〇年代以降に普及したアクティブラーニングの技法に他者とともに学ぶという側面が色濃く反映されていることについて、筆者は経験学習の影響とともに、当時から教育系の学会で普及が始まった社会的構成主義の影響があると考えている。ここでは、スキナー、ピアジェ、ヴィゴツキーという三人の研究者を例に、行動主義、構成主義、社会的構成主義について簡潔に紹介する。

スキナーと行動主義

アメリカの行動科学者であるスキナーは、コンピュータを利用した個別教授方法であるコンピュータ支援教育（Computer Assisted Instruction）のモデルになるティーチングマシンを開発した。その背景には「学習は刺激と反応の結合による観察可能な行動の変容であり、刺激に対する反応に対して適切なフィードバックを行うことによって、学習を支援することができる」という行動主義的な考え方がある。

ピアジェと構成主義

経験学習のルーツにもなっているが、学習者の能動性に初めて着目したのは、認識の発生と発達について研究したスイスの研究者ピアジェである。ピアジェは、学習を人間が能動的に環境に働きかける中で発生する現象としてとらえた。幼児の発達が典型であるが、多くの学習は周りの環境に試行錯誤的に働きかけ、そこから知識を吸収し、知識で説明できない事例があれば認識枠組みを変えるという過程で起きる。このような、知識が主体と環境の相互作用で構成されるという考え方を「構成主義」と呼ぶ。

ヴィゴツキーと社会的構成主義

ピアジェは生物学をモデルに認識の発生と発達を研究していたため、環境における社会的な要因については研究の中心にはなかった。それに対し、ロシアの心理学者であるヴィゴツキーは、人間の発達において親や他の学習者が重要であり、社会的環境と行われる相互作用が内化されることによって言語や思考の発達が促されると考えた。このように知識が社会的なコミュニケーションの中で構築されるという考え方を「社会的構成主義」と呼ぶ。

一九八〇年代以降、学習研究のパラダイムが社会的構成主義に移行していくとともに、研究の対象となる教育方法も社会的構成主義の考え方に基づくものに変化していった。特に協調学習（Collaborative Learning）の発展には知識が社会的に構築されているプロセスをどう支援するのかという課題が共有され、様々な試行錯誤が行われたことが寄与している。

協同学習（Cooperative Learning）

授業のなかに社会的相互作用を導入することはデューイの時代から行われてきたが、教育実践研究によ

表 1.1　協同学習の基本要素（ジョンソンら，2001，p.85）

互恵的な相互依存関係 学生は，グループ課題の遂行のために互いを必要とすることを自覚しています（「浮沈をともにする」関係）．この関係を構築するには，共通目標（各メンバーが学ぶとともに，他の全メンバーが学べるようにすること），報酬（全メンバーが基準の成績を超えたら，各人にボーナスポイントが加算される），資料の共有（1人のメンバーだけに資料を渡す．あるいは資料を分割して各メンバーには部分部分しか配布しない），役割の分担（要約係，参加奨励係，知識を進化させる係）などの手法があります．
対面的で促進的な相互交流 学生は助け合い，共有し合い，学ぶことに対する取り組みを励まし合うことによって，互いの学習を増進します．学生は説明し，議論し，クラスメイトに知っていることを教えます．教員は学生が膝をつきあわせて座り，課題の各側面を話し合えるようにグループをつくります．
個人のアカウンタビリティ 各学生の学習状況はしばしば査定され，結果はグループと個人に返されます．教員は個々の学生を試験したり，あるいはグループのなかから無作為に1人選んで答えさせるような方法で，個人のアカウンタビリティを構築することができます．
社会的技能 必要とされる社会的技能を学生が身につけていないと，グループは効果的に機能することができません．教員は学習技能と同じように，意図的に，そして正確にこれらの技能を教えます．社会的技能には，リーダーシップ，意思決定，信頼の確立，コミュニケーション，対立調整技術などが含まれます．
協同活動評価 グループは，いかによくグループの目標を達成し，メンバー間の効果的な作業の関係を維持しているかを話し合う特定の時間を必要とします．教員は(a)グループの成功を助けた行動を少なくとも3つ挙げること，(b)次回の取り組みをいっそう成功させるために加えるべき行動を1つ挙げること，といった課題を与えることで，協同活動評価を組織します．教員はまたグループを観察し，いかにうまく作業しているかをグループとクラス全体に返します．

ってその方法が体系化され、協同学習（Cooperative Learning）と呼ばれるようになった。ジョンソンらは、著書『学生参加型の大学授業――協同学習への実践ガイド』の中で、授業を協同的に運営するための五つの基本要素を挙げている（表1・1）。

ジグソー法（Jigsaw Method）

協同学習の基本要素を満たす教育方法は数多く存在するが、特に互恵性の観点で広く普及している方法がジグソー法である。

ジグソー法は社会心理学者アロンソンが生み出した学習法である。ここでは例として戦国時代の歴史を九人で学ぶという状況を設定しよう。

学習者はまず、専門性を高めるためのグループを構成する。織田信長、豊臣秀吉、徳川家康の三グループに三人ずつが配置され、それぞれの時代でどのような内政・外交・戦略などが展開されたかについて文献をもとに調査学習が行われる。その後、学習者のグループは、織田・豊臣・徳川グループから一人ずつの構成の三人グループに再編成され、調べたことをお互いに発表して比較するという活動を行う。それぞれ専門性をもっての議論になるため、関係が互恵的になり、かつ、比較するために自分の知識を内省するという活動が自然に生まれる。最後に、もう一度専門グループに戻って、それぞれのグループから出てきた意見を集約し、得た知識について深く検討する。

ジグソー法は、もともと人種融合政策を推進するために生み出されたものだった。白人とマイノリティの壁を越え、協同的に学ぶ方法として開発されたのである。実践が広がるにつれ、この方法が協同学習の方法として優れていることが明らかになり、評価研究の結果、文章を批判的に解釈する能力など高次の認知的能力の向上が確認されている。

協調学習（Collaborative Learning）

ジグソー法はもともと社会心理学の領域で生み出された方法であったが、その改善や評価については一九八〇年代から台頭してきた学習科学研究が貢献している。

学習科学では、協同学習を知識構築のプロセスとしてとらえ、研究者が社会的に新しい知を生み出すのと類似した学習活動を学校で再現するための学習環境について研究がすすめられた。学習科学ではこのような学習を協調学習（Collaborative Learning）と呼び、特にコンピュータによる協調学習の支援（CSCL: Computer Supported Collaborative Learning）に関して多くの研究が行われている。

授業に協同学習や協調学習を取り入れることによって、知識獲得に社会的文脈が加わり、学生が活発に議論するようになる。もともと大学の研究は学会という議論の場で行われてきたが、これらの学習形態はそのような知識構築型の議論を授業の中で起こすことに価値があると言える。議論により知識どうしの結びつきが深まるというメリットと新しい価値につながる知識構築の能力を身につけられるというメリットを意識しながら授業設計する必要がある。

一方で、ひとりで静かに学習することを好む学習者に対する配慮も必要である。例えば、対面での議論だけでなく、書く活動を組み合わせることによって、内向的な学生がいづらくならないような工夫が求められる。

6　大学教育とアクティブラーニング

ここまでアクティブラーニングの源流である経験学習と、それを基盤とするアクティブラーニングの大きな流れとして課題を設定し他者とともに学ぶ方法について整理してきた。

学習者の能動性を担保し、様々な人々が協力して課題を解決する経験から学ぶという活動が、アクティブラーニングの典型である。初等中等教育であってもワークショップなどのノンフォーマル学習であってもその本質は変わらない。

しかし、大学でアクティブラーニングを実施する場合、教育目標である高い専門性の獲得とアクティブラーニングをどのように両立させるかという問題が生まれる。

フォード（Ford, 2010）は、アクティブラーニングにおいて、課題解決の際に学習者の日常的な知識しか利用されないとすれば、学問的知識を対象としたアクティブラーニングとしては不十分であることを指摘している。そのうえで、アクティブラーニングの中に積極的に学問的批評活動を取り入れ、学会で行われているような、知識構成の妥当性（研究の方法とそれによって明らかになった事実の対応）を既存の研究群から批判的に問い直す活動を導入することを提案している。

このような活動はいわば、研究と教育の接続であるといえよう。もちろん学年によって学問的批評活動のレベルは変わるであろうし、そもそも学問領域によって知識構成の妥当性境界は異なっている。問題設定型学習のように既存の学問分野との対応がとれている学習活動とプロジェクト学習のような越境的な学習活動では、批評の仕方も変わってくるだろう。それでも、このような研究的に本質を見つめる知識や技能を目標に組み込むことは、大学においてアクティブラーニングを展開する際に重要な意味を持っていると考えられる。

今後大学へのアクティブラーニングの導入が進んでくると、教員に求められる専門性も変化するだろう。教育能力として講義ができるだけではなく、プロジェクト学習や協調学習をコーディネートできる力量が必要になってくるからである。初等中等教育の教員はこのような学習形態について学ぶ機会が制度的に保証されているが、大学教員はファカルティ・ディベロップメントにおいて学ぶしかないのが現状である。アクティブラーニングの実践が広がるとともに、様々な学会や協議会などで情報交換が行われるようになっており、実践に関する知見を交換する中での学習は広がっているが、特に将来大学教員になる博士課程の大学院生に向けて、体系的に「教えることを学ぶ」カリキュラムを提供する必要があるだろう。

引用文献

ジョンソン、D・W・ジョンソン、R・T・スミス、K・A（著）、関田一彦（監訳）（二〇〇一）『学生参加型の大学授業――協同学習への実践ガイド』玉川大学出版部。（Johnson, D. W., Johnson, R. T. & Smith, K. A. (1991).

Active learning: Cooperation in the college classroom. Interaction Book Company.)

デューイ、ジョン（著）、宮原誠一（訳）（一九五七）『学校と社会』岩波書店。

Bonwell, C. C. & Eison, J. A. (1991). *Active learning: Creating excitement in the classroom* (J-B ASHE Higher Education Report Series (AEHE)). Jossey-Bass.

Ford, M. J. (2010). "Critique in academic disciplines and active learning of academic content." *Cambridge Journal of Education,* Vol. 40, No. 3, pp. 265–280.

Hendrikson, L. (1984). "Active learning." *ERIC Digest,* No. 17, ERIC/ChESS.

Hmelo-Silver, C. E. (2004). "Problem-based learning: What and how do students learn?" *Educational Psychology Review,* Vol. 16, Issue 3, pp. 235–266.

Kolb, D. A. (1984). *Experiential learning: Experience as the source of learning and development.* Prentice Hall.

Thomas, J. W. (2000). *A review of research on project-based learning.* Autodesk.

Zayapragassarazan, Z. & Kumar, S. (2012). "Active learning methods." *NTTC Bulletin,* Vol. 19, No. 1, pp. 3–5.

第2章　アクティブラーニングの実践論

世界の大学では

林　一雅・永田　敬

大学教育のために設計され、すでに多くの実績をもつアクティブラーニングの実践例を挙げるとすれば、米国ノースカロライナ州立大学で開発され、全米の多数の大学に広がったＳＣＡＬＥ－ＵＰプロジェクトと、マサチューセッツ工科大学で開発されたＴＥＡＬであろう。本章では、アクティブラーニングの実践を専門とする筆者が、二つのプログラムで採用されている手法や教室の基本デザイン、さらに、それらを参考に設計された東京大学での事例を解説する。

第1章では、山内祐平が教育実践研究の立場からアクティブラーニングの理論と技法を解説した。本章では、実際の教育現場でそれらがどのように実践されているかを、特にアクティブラーニングを実施するための教室環境・学習環境に焦点を当てて、具体例を挙げて解説する。

1 物理教育のアクティブラーニング

米国ノースカロライナ州立大学の物理教育におけるアクティブラーニングの取り組みは、大きなクラスサイズの（=履修者が多い）授業科目での協調学習・卓上実験・ICT活用を含む双方向的な授業方式を確立することを目指したもので、SCALE-UP（Student-Centered Active Learning Environment for Undergraduate Programs）プロジェクトと呼ばれている。このプロジェクトの最大の特徴は、アクティブラーニング環境に適した教室設計と授業方法を規格化してパッケージにしたことであり、ほぼそのままの形で他の大学に導入が可能であること、さらに導入後の調査研究によってその有効性が実証されたことから、全米をはじめカナダ・オーストラリアなどに広がり、アジアでも日本・シンガポール・台湾・韓国の一部の大学に導入が進んでいる。

SCALE-UPでは、例えば教室環境について、テーブルのサイズや椅子の数などが明確に規定されている（図2・1）。テーブルの大きさは、直径を約二〇〇センチメートル（七フィート）として、一テー

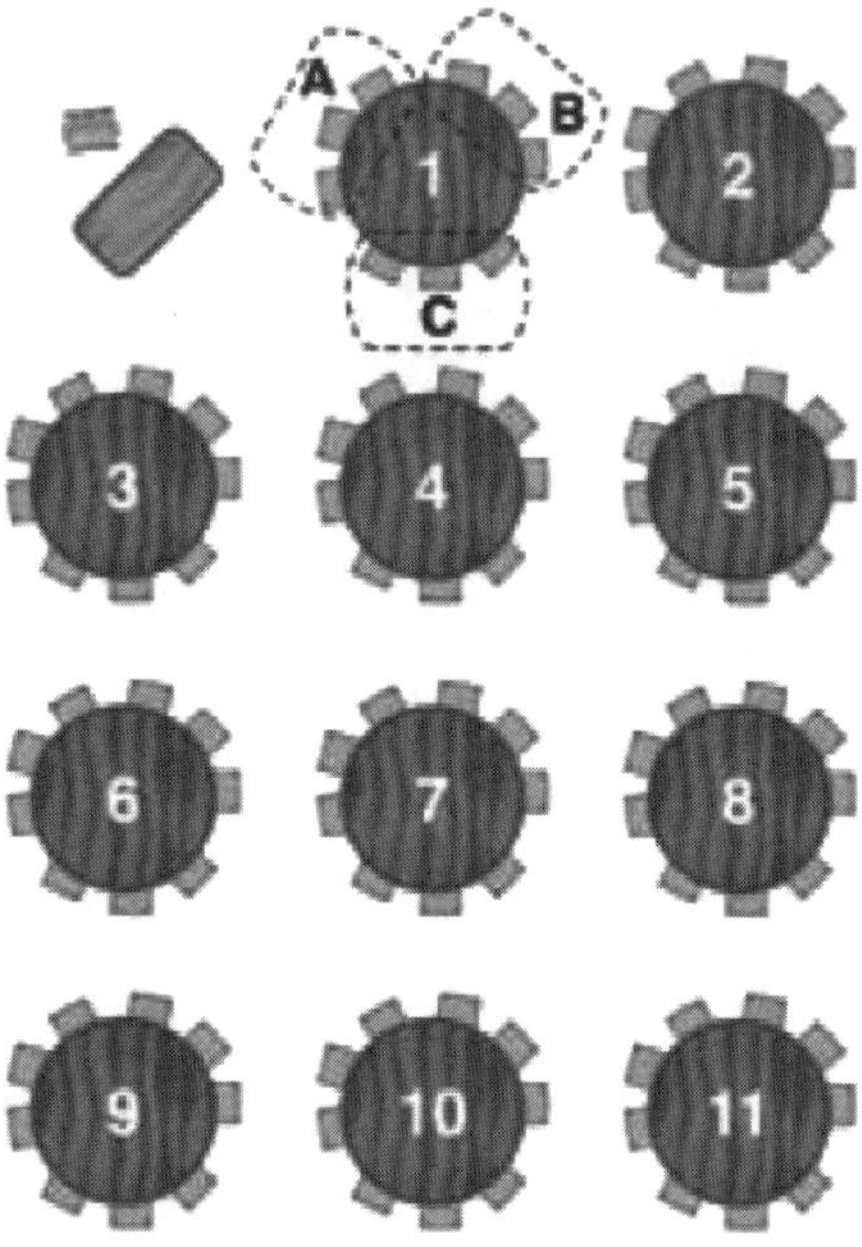

図 2.1　SCALE-UP プロジェクトの教室レイアウト

ブルに九人が着席し、三人一組の三グループを構成する。テーブル上には、一グループ毎に一台のコンピューターを設置する。教室全体には一一のテーブルを設け、最大で九九人を収容する。各机の周辺にはホワイトボードを配置し、グループ討議に利用する。このように規格化された教室環境は、それとパッケージを為す教授方法と効果的に対応しており、現在では、全米を中心に世界中で約二〇〇の大学に同様の教室が設置されている。

2　マサチューセッツ工科大学におけるアクティブラーニングの取り組み

マサチューセッツ工科大学（ＭＩＴ）は、ＳＣＡＬＥ－ＵＰプロジェクトを基にして、ＴＥＡＬ（Technology Enabled Active Learning）と呼ばれる物理教育プログラムを開発した。ＴＥＡＬの詳細な解説に入る前に、ＭＩＴのカリキュラム構成と物理学の授業科目の位置づけを簡単に説明する。

ＭＩＴは、学事暦にセメスター制（秋学期：九月〜一二月、春学期：二月〜五月）を採用している。日本の多くの大学とは異なり、学生は一セメスターあたり三〜四科目を履修するが、一科目あたりの単位数は一二単位であり、日本に比して科目毎の単位数が大きい。主要な科目の多くは、週三回程度の講義、演習あるいは実験、チュートリアルで構成され、さらに学生には事前課題や宿題が課される。

ＭＩＴの全ての学生が卒業の要件として履修しなければならない必修科目はGeneral Institute Requirements（GIRs）と呼ばれるが、理系の必修科目は概ね一〜二年次に開講されており、物理学は「力学」「電磁気学」を二学期間で、数学は「一変数解析」「他変数解析」を二学期間で、化学・生物学はそれぞれ一学期間の授業科目として実施されている。学生は、その他に四年間で自分の専攻学科の実験科目、人文・芸術・社会科学系の八科目、身体運動に関する四科目を履修することによって卒業資格を得る。

ＴＥＡＬプロジェクト

ＭＩＴ物理学科のジョン・ベルチャー（John Belcher）教授は、一九九九年当時、自身が担当していた「電磁気学」の授業に大きな問題を感じていた。「電磁気学」の履修者は七〇〇人であったが、授業への出席率は平均二五パーセントと低く、落第率は約一二パーセントであった。また、授業に出席している学生の学習態度も受動的であり、さらに、履修人数が多いために全員が実験室を利用できず、講義で解説した公式や理論を実験によって実際に体験・確認できないことも問題であった。

TEALは、これらの問題点を解決するためにベルチャー教授が中心となって開発したSCALE-UP型の物理教育プログラムである。TEALの大きな特徴のひとつは、直接目に見えない、あるいは手で触れることができない「磁場」や「電場」などの電磁気学で扱う概念を学生により良く理解させるために、コンピュータシミュレーションによる電場・磁場の可視化やコンピューター上での仮想実験など、ICT教材を最大限に活用している点である。この教育プログラムが「Technology Enabled Active Learning＝ICT活用に対応したアクティブラーニング」と名付けられていることからも、その特徴の一端が窺えるであろう。

TEALプロジェクトは、二〇〇一年秋学期に「電磁気学」で試行的に実施され、いくつかの改善が行われたのち、二〇〇三年秋学期から規模を拡大して本格的な運用が開始された。さらに、二〇〇三年秋学期に「力学」でも同様の試行を実施し、二〇〇五年に本格的な開始に至っている。

現在、「電磁気学」は一年生全員に対する共通科目として開講されており、例えば「8・01 TEAL」クラスでは、五三〇人の学生に対して、一クラスの規模を六〇～一〇〇人とし、八名の教員で授業を担当している。

TEALを構成する要素

TEALプロジェクトの主たる目的は、教育面から見れば、ICTを活用したアクティブラーニング環境の整備、ハンズオン実験（＝学生が実際に手を動かして体験する卓上実験）の導入などの新たな教材・教育手法の開発による教育改善であり、学習面からは、受動的な学習態度からの脱却、物理学の基本的概念の理解、問題解決力の育成が挙げられる。また、より一般的な学習目標として、コミュニケーションスキルの向上や、共同作業を行う際に必要となる協調性・リーダーシップの育成も掲げられている。これらは、MITの学生が科学者・技術者として社会に出たときに必要となる能力として、社会・産業界からの要請によるものと考えられる。

そのような目的達成のために、TEALに組み込まれた要素を列挙するならば、学習空間としての教室、統合モジュールアプローチ（後述）、双方向的なプレゼンテーション、コンセプトテスト（後述）、可視化技術によるシミュレーション教材、ハンズオン実験、問題解決の機会、オンライン教材、そして授業の支援体制などであろう。その中の幾つかについて、以下に取り上げてみたい。

（1）学習空間

TEALの授業は、SCALE-UPを参考にして設計された専用のスタジオ教室で行われる（図2・2）。学生は、一二脚の円形テーブル毎に九人が座り、三人一組で各テーブルに設置されたコンピュータを使用する。教室の各所の壁面には八枚のスクリーンと一二枚のホワイトボードが配置されており、学生はホワイトボードを利用して、教員から出された課題にグループ単位で取り組む。各ホワイトボード付近の天井にはカメラが配置され、そのホワイトボードに書かれた内容をスクリーンに映してクラス全員で共有することができる。

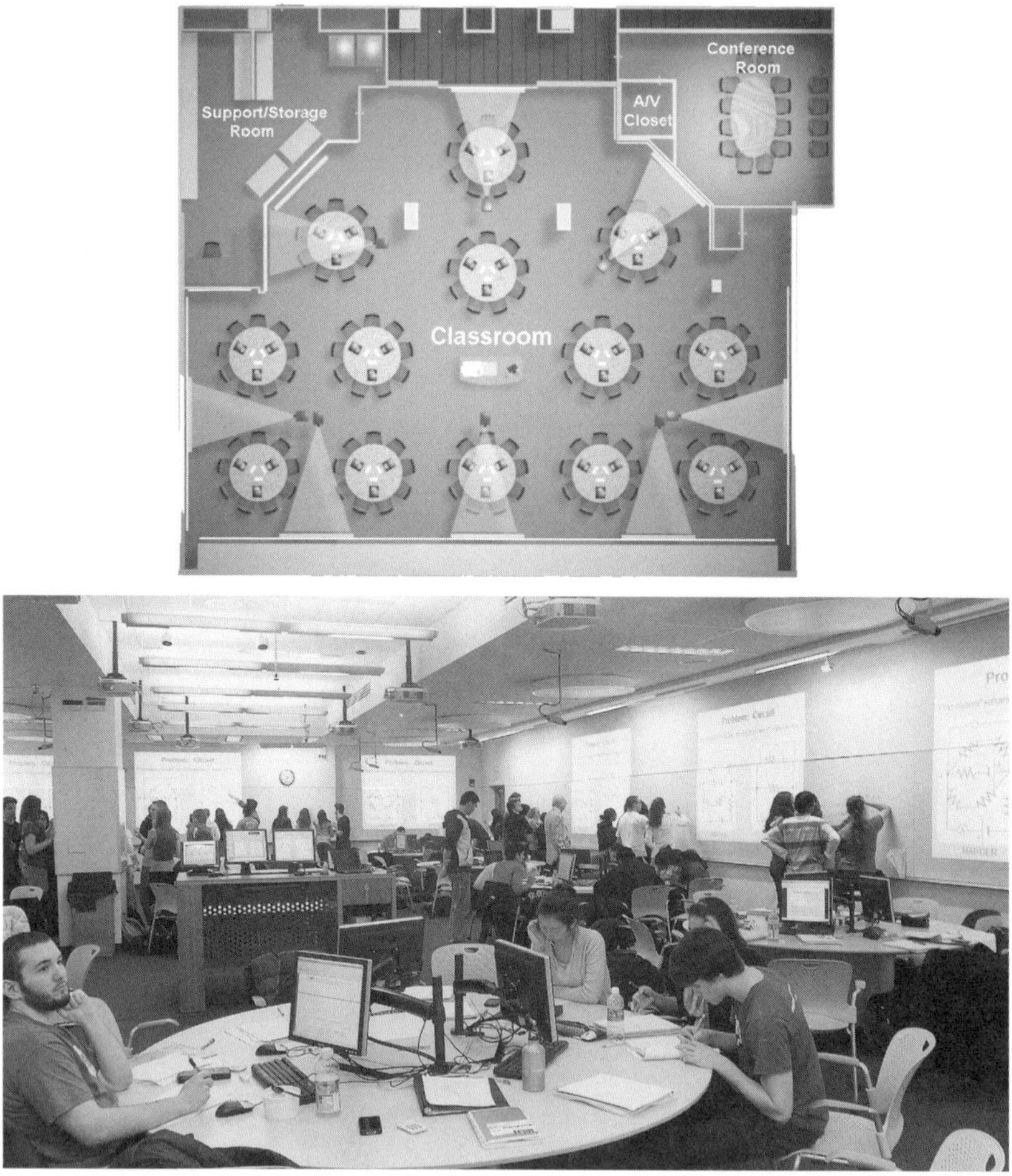

図 2.2　マサチューセッツ工科大学スタジオ型教室と実際の授業風景

	曜日	クラス内学習	クラス外学習
1週目	日曜日		オンライン：次週のための教科書購読・オンライン講座視聴・オンライン学習（マスタリングフィジクス）
	月 or 火曜日	授業(2時間)：講義・コンセプトテスト・学生同士による問題演習	
	火曜日		オンライン：マスタリングフィジクスの問題解答とチュートリアル
	水 or 木曜日	授業(2時間)：講義・コンセプトテスト・学生同士による問題演習	
	金曜日	授業(1時間)：グループ問題解答セッション	
2週目	日曜日	ヘルプセッション(13-17時)：任意参加のチュータリング（大学院生による個別補習）	オンライン：マスタリングフィジクスの問題解答とチュートリアル(復習)
	木曜日		筆記による問題演習
	金曜日	授業(2時間)：確認テスト	

図2.3　統合モジュール

各モジュールは，授業のクラス内での学習と授業外の学習で構成されている．授業内では教員の講義を聞いて，演習問題や実験などにグループで取り組み，授業外ではオンライン教材による個人学習に取り組む．

教室中央に配置された教卓には教員用のコンピューターがあり、講義内容のファイル、実験に関する動画ファイルなどを、タッチパネル形式の操作卓から自在にスクリーン上に投影できる。

（2）統合モジュールアプローチ

統合モジュールアプローチとは、ひとつの単元を学ぶプロセスとして、二週間をひとつのサイクルとし、自習・講義・グループワーク・チュートリアル等の組み合わせの合間に理解度を測るテストを行い、学生の理解状況を把握しながら学習を進めていく手法である。この手法では、二週間のサイクルの中で学生の理解度をリアルタイムに把握することができ、その時点で修得すべき学習内容の特定の箇所について学生の理解度や理解の仕方に問題があれば、それをサイクル中に授業等にフィードバックすることができる。図2・3に統合モジュールの一サイクル＝

二週間の流れを例示する。

このように、TEALの授業は二週間単位のモジュールで進められるが、そのサイクルの中で教員は学生に問題の答えを教えるのではなく、学生が能動的に学び、自ら答えを発見できるような指導を行う。そのためには、答えを導き出すプロセスを重視し、そのプロセスを評価する必要がある。評価の際に教員が留意するポイントは、学生が「自分の考え方の道筋をきちんと把握できているか」「自分が導き出した結論の妥当性をどのように検証できるか（応用・展開できるか）」「自分が理解したことを他の仲間に説明できるか」「今取り組んでいる問題が概念全体を構築するどの部分に相当するかを理解できているか」の四つの観点である。

（3）コンセプトテスト

コンセプトテストは、TEALの双方的な授業の進行に欠かせない要素のひとつであり、その原型はハーバード大学物理学科のエリック・マズール（Eric Mazur）教授が開発した「ピアインストラクション」である（日本物理教育学会、二〇一二）。ピアインストラクションは、授業中に課題（＝コンセプトテスト）を出して学生の理解度を把握しながら、学生同士の議論を組み込むことによって個々の学生の理解度を深めるアクティブラーニングの手法である。

TEALでは、教員が授業の始めにその単元に関する物理学の基本概念を問うクイズを出題し、その場で学生に回答させる。クイズは択一問題形式で、学生は「クリッカー」と呼ばれる小型のオーディエンス

レスポンス アナライザー（＝個々の学生の反応や回答を収集できるコミュニケーションツール）を用いて個別にクイズに回答する。教員は、リアルタイムで集計される回答の状況を把握し、学生が理解できていない部分について補足説明を行う。さらに、学生に三人あるいは九人のグループで議論させた上で、再度、彼らの理解度を確認する。学生は、グループでの議論を通じて、自分の考えを他人に説明する、他人の考えを理解する、他人の理解を助けるなどの能動的な学習活動を行う。

（4）オンライン教材

オンライン教材の主たる役割は、個々の学生の学習支援である。TEALで採用されているオンライン物理教材「マスタリングフィジクス（MasteringPhysics）」は、理工学系の物理学の授業に対応して自宅学習・チュートリアル・達成度（あるいは理解度）の確認を「何時でも何処でも」行うことができるオンラインプログラムである。学生はウェブ上で登録をして「マスタリングフィジクス」を利用するが、授業前の課題（Pre-class assignments）による予習、授業後の課題（Adapted follow-up assignments）による復習と確認、さらに授業中に利用できるオンライン教材の組み合わせによって、個々の理解度に適した学習活動を（授業外でも）行うことができる。また、教員の側は、登録した学生の学習状況や理解度を統計データとしてモニターすることが可能であり、それを授業の内容や進行に反映させることができる。

その他にも、MITではSTEM授業（＝科学（Science）、技術（Technology）、工学（Engineering）、数学（Mathematics）の頭文字をとってSTEMと呼ばれる）で用いる各種の方程式・数式を視覚化する双方向的なオンライン教材「マスレッツ（Mathlets）」などが開発されており、ＭＩＴの理工学系の教育が、オンライン教材を用いて「見る・見せる」ことによって視覚的に学生の理解を深めることを、アクティブラーニングを支える重要な要素のひとつとして意識していることがわかる。

（５）授業の支援体制

ＴＥＡＬの授業は八人の教員が担当しているが、その他に授業を支援する体制として、実験機材などの管理を行うテクニカルサービスグループの四人のスタッフ、物理実験の教材を作成する若干名のスタッフがいる。テクニカルサービスグループの部屋はスタジオ型教室に隣接しており、授業中に何時でもコンピューターの操作や教員・学生のサポートができる態勢をとっている。

各授業には五〜六名のティーチングアシスタントが配置される。ティーチングアシスタントには、物理学専攻の博士課程の大学院生およびＴＥＡＬの科目を既に履修した学部生が採用される。それぞれ役割が異なっており、大学院生のティーチングアシスタントは課題の採点などを行い、学部生のティーチングアシスタントは授業中に学生に対する支援を行っている。

ＴＥＡＬの評価

ＴＥＡＬプロジェクトでは、物理の基本概念に関する事前・事後テストの分析、成績評価の分析、学習態度に関するアンケート調査などから、ＴＥＡＬの取り組みに関して、従来型の授業方法との比較評価を行っている。

基本概念の理解に関する事前・事後テストの比較では、従来の授業方法による場合と、TEALの授業方法による場合のどちらにおいても、（当然ながら）事前テストよりも事後テストの得点が向上している。しかし、事前テストと事後テストの得点から算出した学力向上率の指標[1]が従来型の授業では〇・二六であったのに対して、TEALの授業では〇・五二となり、顕著な学力の向上が見られた。

また、従来型の授業では二五パーセント程度であった出席率は、TEALの導入によって九〇パーセント程度まで上昇し、大きな改善が見られた。落第率に関しても、TEALプロジェクトを開始する前は約一〇パーセント前後で推移していたが、TEAL開始後は五パーセント以下で推移しており、アクティブラーニング導入の効果が表れていると言える。

学生による授業評価では、例えば「力学」の評価は七段階中四・六三で、MIT全体の平均よりもやや低い。ただし、長期的な学習効果を測るために、授業を履修した数年後に授業内容をどの程度記憶しているかを調査した結果、従来型の授業を履修した学生に較べ、TEALプロジェクトの授業を履修した学生の方が記憶の定着率が高いことが示された。

現在の世界的な動向

本章では、代表的なアクティブラーニングの実践例として、物理学の特定の授業科目に対して教室環境・教育手法・教材を最適化させたMITのTEALプロジェクトを取り上げて、その特徴や構成要素を解説してきた。

これまでに述べたように、ＴＥＡＬは教育パッケージとしての完成度が高く、その効果も実証されているが、同じ「電磁気学」や「力学」の授業といっても、大学によって少しずつ授業内容が異なり、また学生の傾向も異なることから、ＴＥＡＬをパッケージとして何処かの大学にそのまま導入することは、それほど容易ではないだろう。また、ＴＥＡＬの授業方法を円滑に実施するためには、教員側にもそれなりの準備と訓練が必要である。しかし、ＴＥＡＬを構成する要素のいくつかをアレンジして自分の授業に取り入れ、教育の改善を図ることは検討に値するだろう。

ここで特に取り上げたいのは、オンライン教材の活用である。現在、注目すべき世界的な動向は、ＩＣＴ環境の劇的な変化に伴って教育全般におけるオンライン教材の役割や活用のされ方が大きく変化してきたことである。既に述べたように、オンライン教材はアクティブラーニングにおける学習活動と高い親和性をもつが、単に能動的な学習を支援するのみでなく、「何時でも何処でも」という利便性も相俟って、授業時間外の自発的な学習の促進、あるいは勉学習慣の定着という観点でも一定の効果が期待される。また、個々の学生の置かれている教育・学習環境に依らず（例えば、学びたい学問領域の専門の教員がいない、あるいは何らかの事情で授業が履修できないような状況でも）、双方向的なオンライン教材を用いて学習することも可能である。教育をする側・教材開発をする側にとっても、教育リソースをグローバルに有効活用することにもなる。

ＭＩＴでは、既に二〇〇〇年頃から「オープンコースウェア（OpenCourseWare: OCW）」と名付けた取り組みを実施し、これまでに二〇〇〇を超える授業科目の教材などを無償でオンライン公開しており、TEALの教材もその対象となっている。このように、自大学の教材を無償で公開する「オープン エディケーショナル リソーセス」の活動は、高等教育に蓄積された「知」を共有し、より多くの人々に学習機会を与える「グローバル エデュケーション」の考えに基づいて世界的に展開されつつあり、そこで公開されている優れた教材を有効活用することで、教育リソースの不足を補ったり、教材開発の負担を軽減することも可能になってきている。

また、二〇一二年にスタンフォード大学医学部で始まった試みでは、それまで授業で行っていた知識の習得をオンライン学習に切り替え、対面授業では、オンライン学習で習得した基礎知識を前提として、患者の臨床事例等を中心に対話形式のアクティブラーニングが行われている。この方法によって授業への出席率が上昇し、学生の授業評価も向上したとの報告がある。このような授業スタイルは「反転授業（flip teaching, flipped classroom）」と呼ばれ、国内でも徐々に試行され、採り入れられつつある（バーグマン・サムズ、二〇一四）。

さらに最近では、スタンフォード大学コンピューターサイエンス学科の二人の教授が、大学の授業をオンライン上で提供して無償で履修することができるオンライン学習プラットフォーム「コーセラ（Coursera）」を開発した。ハーバード大学とマサチューセッツ工科大学も同様のオンライン教育プラットフォーム「エディックス（ｅｄX）」を構築している。このように、世界の一流大学が授業をオンライン公開し、多くの人々がどこからでも好きな時にアクセスできる状況が実現されつつある（重田、二〇一四）。

今後、これらのオンライン教材を教育リソースとしてどのように有効に活用できるのか、さらに、ますます発展を遂げるであろうオンライン教材を利用した、より多様な形態の教育・学習が可能となる状況で、大学の授業形態・授業方法がどうあるべきかは、早急かつ真剣に検討すべき課題である。

3　東京大学教養学部におけるアクティブラーニングの取り組み

序章では、東京大学教養学部におけるアクティブラーニング導入の経緯を解説した。本節では、特に教室空間と設備に焦点を当てて、駒場キャンパスにおける取り組みを紹介する。それぞれのアクティブラーニング授業の実践例については、次章以降を参考にして頂きたい。

教室環境の現状と課題

前述のように、東京大学では、全ての学生が入学後の二年間を教養学部生として駒場キャンパスで過ごし、リベラルアーツの理念に基づく前期課程教育を受ける。前期課程で開講されている授業科目をクラス規模という観点から大雑把に分類すると、図2・4のようになる。図の上段のグラフは、ある学期に開講された授業科目のクラス規模の分布である。図の下段のグラフは、前期課程教育に用いられる教室サイズの分布を示している。授業規模・授業形態が異なれば、求められる教室のサイズや機能も異なるが、現状では、必ずしも需要と供給の関係が満たされているとは言い難い。仮に教室の機能＝設備を問わず、サイズだけに着目するとしても、アクティブラーニング授業が有効と考えられる中規模～少人数の授業科目のニーズを満たす教室が不足していることがわかる。東京大学教養学部に限らず、アクティブラーニングを積極的に導入するためには、多くの大学で教室環境の整備が当面の課題となるだろう。

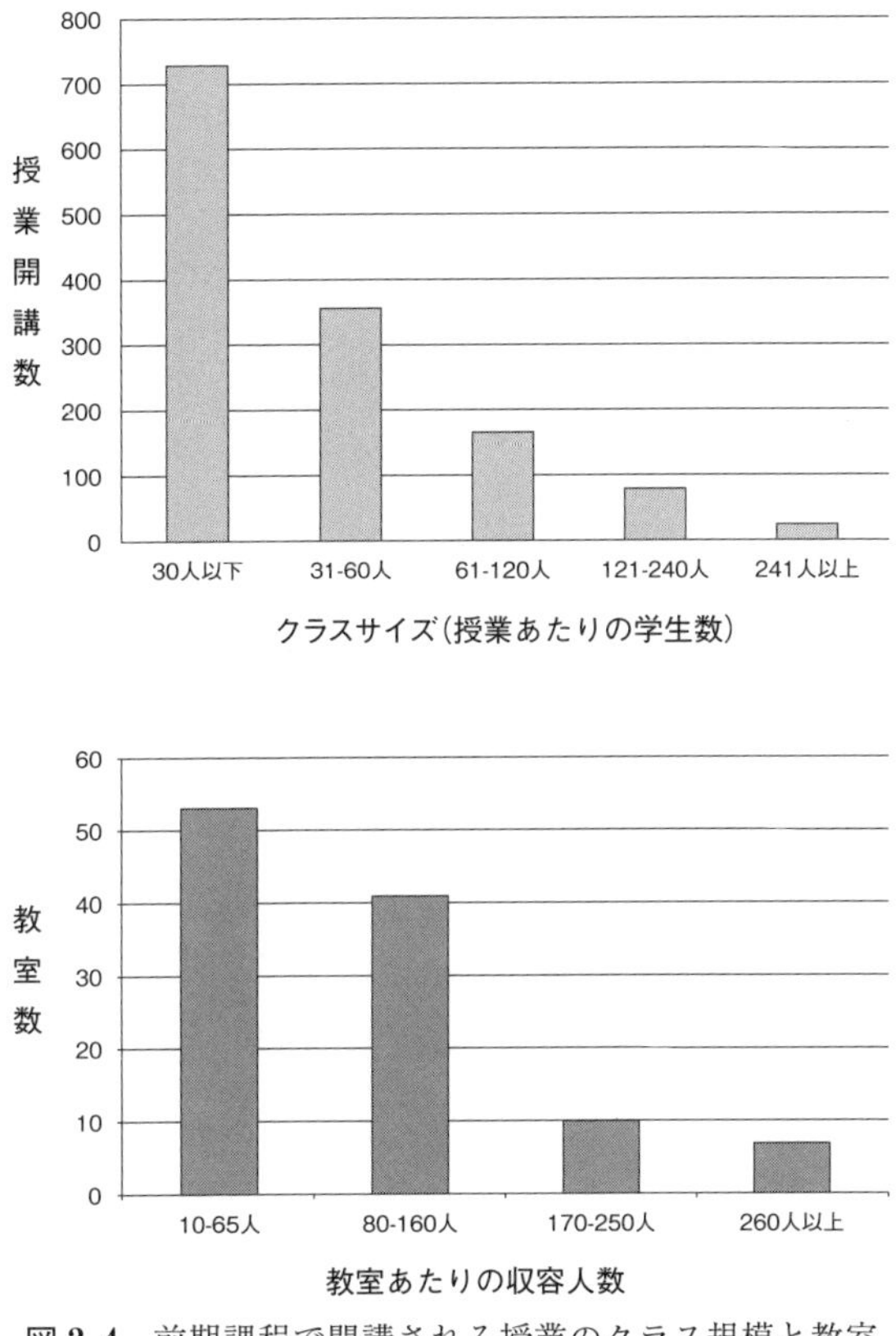

図 2.4　前期課程で開講される授業のクラス規模と教室サイズの分布

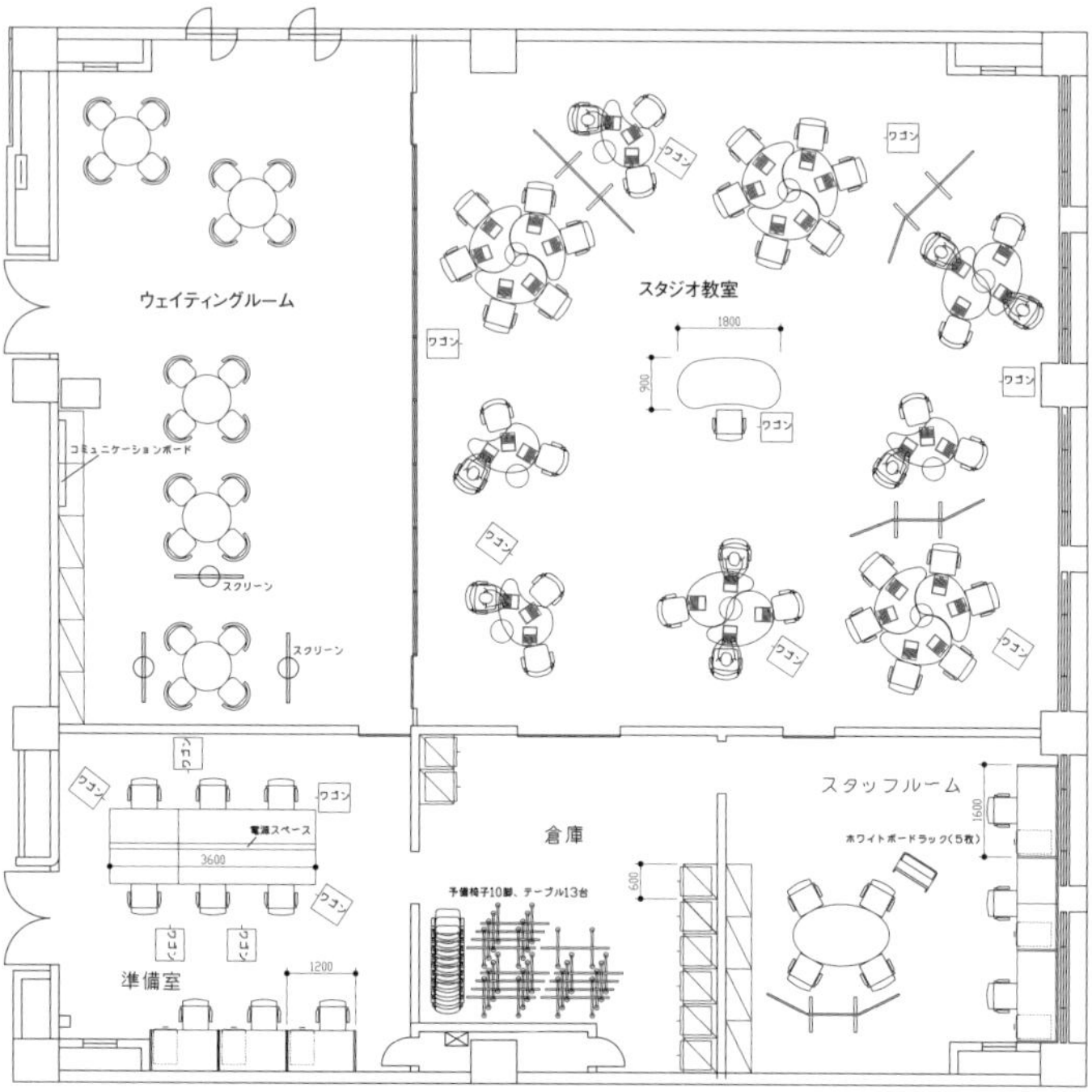

図2.5　KALSの教室レイアウト

モデルルームとしてのKALS

「駒場アクティブラーニングスタジオ：KALS」は、二〇〇七年五月に東京大学駒場キャンパスに設置されたアクティブラーニングのための教室である。一四四平方メートルのスタジオと七〇平方メートルのウェイティングルームで構成され、最大で四〇人のクラスサイズを想定して設計されている（図2・5）。

座席数まで規格化されたSCALE-UPやTEALの教室に較べて、KALSはより柔軟な授業形態・クラスサイズに対応できるように設計されている。SCALE-UPやTEALとの最も顕著な違いは、自由に移動・組み替えができる特注の勾玉型《まがたま》の机を採用した点である。これにより、授業スタイルやクラスサイズに合わせて学生の着席する配置を自在に変更できる。同じクラスサイズでも、グループ学習を主体とする授業に適した机の配置と、プレゼンテーションを主体とする授業に適した机の配置は当然異なるであろう。また、同じ授業でも、その日の授業内容によっては異なる机の配置が効果的な場合もある。机の形状が勾玉型である理由は、二脚、三脚、四脚……と組み合わせることで、二～十数人のグループ学習に適した机の配置を無理なく構成できるからである（図2・6）。また、授業に必要な台数の机・椅子のみで座席配置を構成できるように、教室に隣接して什器類を収容するストックヤードが設けられている。

ＫＡＬＳのもうひとつの特徴は、ＩＣＴを活用してアクティブラーニングの効果を引き出す工夫がなされている点である。学生ひとりひとりに無線ＬＡＮを装備したタブレットＰＣを配備し、データ検索・映像視聴・ライティング・マインドマップ作成などの学習作業を支援している。また、教室の四面の壁に設置したプロジェクターを用いて、教室のどの位置からでも講義資料や学習者の作業内容を全員で共有することができる。この他に、コンセプトテスト用のクリッカー、授業収録用のカメラ等も配備されている。また、これらのＩＣＴ機器に加え、数十枚の小型ホワイトボード（約七〇×九〇センチメートル）が常備されており、グループ学習の際に意見を集約する、グループ討論の結果を他と共有するなどのアナログのディスカッションボードとして活用されている。

ＫＡＬＳでは、教育工学を専門とする二人の専属教員とティーチングアシスタントがアクティブラーニング授業の設計や教室運用を支援している。教室横のスタッフルームには専属教員が常駐しており、ＫＡ

図 2.6　KALS のスタジオ教室の内部（上）とウェイティングルームから眺めた教室（下）

出所：KALS ホームページ（http://www.kals.c.u-tokyo.ac.jp/）.

LSで実施される全ての授業に「その場」で関与できる態勢がとられている。また、ウェイティンググルームは、授業前の準備や授業後の教員との質疑・応答に利用されている。

KALSを設置した当初の目的は、東京大学の教育、特に教養教育に重点をおく前期課程教育にアクティブラーニングを導入する教育プロジェクトを推進することであった。また、学内の複数の部局、具体的には教養学部・大学総合教育研究センター・大学院情報学環が協力することで、教育工学と教育現場を連携させることによって新たな授業の手法や教材を開発し、それらを多くの教員に提示・共有することを目指した。KALSは、そのための「実験的な」教室空間であり、いわばアクティブラーニングのモデルルームとしての役割をも担っていたと言えよう。二〇〇七年の設置以来、KALSでは毎年三〇件を超える教育機関・企業等からの見学を受け入れており、学内のみならず、学外に対してもアクティブラーニングのモデルルームとしての役割を果たしている。また、次項でも述べるように、KALSでの試行と経験は、新たなアクティブラーニング教育棟の設計にも活かされている。

アクティブラーニング教育棟21KOMCEE

KALSを拠点とする教育プロジェクトは、キャンパスのアクティブラーニング環境を向上させ、学生の能動的な学習機会を増やすことを目指していたが、その延長線上には、アクティブラーニングの導入を通じて教育・学習全体の質を高める狙いがあった。

二〇一一年には、後に「21KOMCEE West」と呼ばれることになるアクティブラーニング教育

図 2.7　完成当時の 21KOMCEE West 全景
出所：東京大学大学院総合文化研究科・教養学部（撮影：井上光伸）.

棟のI期棟（四五〇〇平方メートル、図2・7）が竣工したが、その設計思想の根底にあったのは、単なるスタジオ型教室の集合建物ではなく、「滞在型の学習空間」というコンセプトである（第六章も参照のこと）。これまでの多くの教室建物は、教員・学生が授業のためだけに教室を利用し、授業が終わればさっさと退去することを前提とした、極論すれば「教室・廊下・階段の集合体」であった。しかし、アクティブラーニングは、必ずしも授業中の能動的な学習活動だけで構成されるのではなく、それとスムーズに連結した授業外における自発的な学習活動との組み合わせであると考えれば、そのための教育空間の在り方は、自ずと従来の教育施設とは異なるものになるだろう。

21KOMCEE Westは、アクティブラーニング教室群、レクチャーホール（二〇〇席）、自習・グループワークのためのオープンスペース・アリーナ（一八五平方メートル）、総ガラス張りのイベントホール（二二〇平

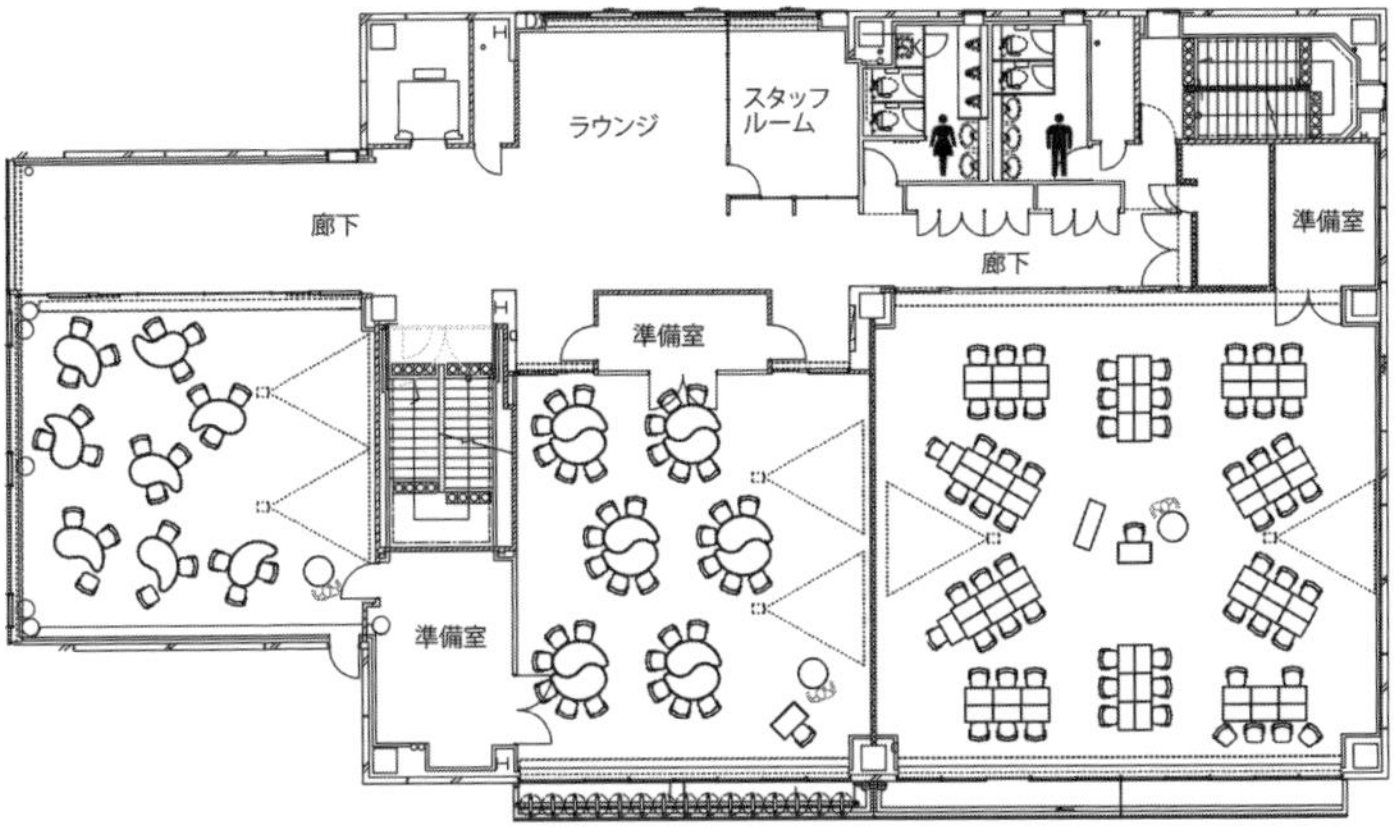

図 2.8　スタジオ型教室レイアウト

方メートル）、カフェテリアで構成されている。教室群の内訳は、五つの中スタジオ教室（二五名）、三つの大スタジオ教室（四五名）と、身体運動・身体表現・身体計測を採り入れた授業のためにフローリング仕上げの床をもつ教室の計九教室である。図2・8は、二つのスタジオ教室があるフロアの代表的なレイアウトである。

各スタジオ教室の形状はほぼ正方形で、教員・学生が教室の前・後を意識せずに、どの位置からでも授業に参加できるように配慮されている（図2・9）。また、ＫＡＬＳと同様に、可動式の机・椅子を採用し、それらを自由に出し入れできるストックヤードを教室毎に設けてある。ＫＡＬＳとの大きな相違は、ＩＣＴ設備の軽重である。21ＫＯＭＣＥＥ Ｗｅｓｔでは、より多くの教員が多様な授業科目をアクティブラーニング方式で実施することを想定して、ＩＣＴ設備を必要最小限に抑えた。基本的な仕様は、プロジェクターとスクリーンおよび無線ＬＡＮのみである。中スタジオ教室では、教室の片側に二面のスクリーンを配置し、左右異なるスライドを投

図 2.9　スタジオ型教室の全景

勾玉型の机を 3 脚ずつ組み合わせて，6 名のグループ学習用にセットされた教室．奥の机上には，討論用の小型ホワイトボードが立っている．ガラス張りの壁の向こうは廊下である．
出所：筆者撮影．

影して相互批評や比較が行えるようにした。大スタジオ教室では、対面する壁に二枚のスクリーンを設け、教室内の全ての位置からの視認性を確保した。プロジェクターの投影も、操作卓などを設置せず、電源を入れてケーブルを接続すれば直ぐに投影できる簡便な方式を採用している。また、外光や天井光を吸収し、部屋を明るくしたままで鮮明な画像を映し出すことのできるスクリーンを採用するなど、ＩＣＴ機器を利用する際の操作が授業の円滑な進行を妨げないよう工夫している。

一方、どの教室も壁の一面が全面ホワイトボードとなっており、複数のグループが同時に板書したり、ＫＪ法やブレインストーミングの際にメモを並べて貼ったりする作業に活用されている。また、議論のまとめや発表に使う小型ホワイトボードも全室に配備されており、ＫＡＬＳと比較して、よりアナログ的で、しかし汎用性の高いアクティブラーニング環境となっている。

21ＫＯＭＣＥＥ Ｗｅｓｔでは、スタジオ教室の廊下側の壁面は全面ガラスである。通常の教室では、出入口のドアを閉めてしまうと、中で行われている授業の様子は外からは全くわからない。21ＫＯＭＣＥＥ Ｗｅｓｔでは、履修していない授業でも廊下からちょっと覗いてみたり、見学することができる。昨今、企業の職場でも、ガラス張りを採用して社員の行動の透明性を確保する風潮があるようだが、それとは違う意味で、学習活動を教室内だけに「閉じ込めない」工夫である。

同様の趣旨から、各フロアの廊下にはアルコーブ状のラウンジが設けられ、壁面にはホワイトボードが貼られている。授業の開始前や終了後にクラスメートと議論したり、教員への質問に利用することができる。

教室環境の評価

21ＫＯＭＣＥＥ Ｗｅｓｔが完成した二〇一一年度の冬学期（一〇月～一月）にスタジオ教室で授業を行った教員を対象にして、授業実施に関するアンケート調査を行った。対象授業数は四九、教員数は延べ二六人で、多くの授業は語学やゼミナールなど、履修者数が二〇名程度の授業であった。
21ＫＯＭＣＥＥ Ｗｅｓｔを利用したことによる授業方法の変化に関しては、「意識的にグループワークを行うようになり、可動式ホワイトボードや小型ホワイトボードを利用した」「授業で積極的にコンピュータを使うようになった」との回答が見られた。また、「これまで講義とグループワークでは教室を変更するなどの手続きをしていたが、スタジオ教室ではフレキシブルに机の配置を変更できる特徴を活用した」という回答や、語学の授業では「スライドを全面ホワイトボードに直接投影し、マーカーを使って手書きで文章に説明を加えた」等の新たな工夫に関する回答もあった。

アクティブラーニング環境の導入による教育効果・学習成果を測るには、もう少し時間を要するだろう。しかし、大事なことは、「環境が変化すれば、人の活動も自ずと変化する」ことである。21ＫＯＭＣＥＷｅｓｔの設置がどのような効果を生むことになるのか、今後の東京大学前期課程教育の動向を注意深く見守りたい。

(1) 学力向上率の指標は、[事後テストの正答率(%) − 事前テストの正答率(%)] ÷ [100 − 事前テストの正答率(%)] で算出され、事後テストの得点が満点の時に一になるように規格化されている。

参考文献

河合塾編（二〇一〇）『アクティブラーニングでなぜ学生が成長するのか――経済系・工学系の全国大学調査からみえてきたこと』東信堂。

重田勝介（二〇一四）『オープンエデュケーション――知の開放は大学教育に何をもたらすか』東京電機大学出版局。

バーグマン、ジョナサン・サムズ、アーロン（著）、山内祐平・大浦弘樹（序文・監修）、上原裕美子（訳）（二〇一四）『反転授業――基本を宿題で学んでから、授業で応用力を身につける』オデッセイコミュニケーションズ。

レディッシュ、エドワード・F（著）、日本物理教育学会（監訳）（二〇一二）『科学をどう教えるか――アメリカにおける新しい物理教育の実践』丸善出版。
Dori, Y. J. & Belcher, J. (2005). How does technology-enabled active learning affect undergraduate students' understanding of electromagnetism concepts? *Journal of the Learning Sciences,* Vol. 14, pp. 243–279.

大学教育のためのブックリスト

佐藤浩章編（二〇一〇）『大学教員のための授業方法とデザイン（高等教育シリーズ）』玉川大学出版部。

杉江修治・関田一彦・安永悟・三宅なほみ編著（二〇〇四）『大学授業を活性化する方法（高等教育シリーズ）』玉川大学出版部。

鈴木宏昭（二〇〇九）『学びあいが生みだす書く力——大学におけるレポートライティング教育の試み』丸善プラネット。

夏目達也・近田政博・中井俊樹・齋藤芳子（二〇一〇）『大学教員準備講座（高等教育シリーズ）』玉川大学出版部。

バークレイ、エリザベス・クロス、パトリシア・メジャー、クレア（著）、安永悟（監訳）（二〇〇九）『協同学習の技法——大学教育の手引き』ナカニシヤ出版。

安永悟（二〇一二）『活動性を高める授業づくり——協同学習のすすめ』医学書院。

第3章　学習者と社会の架け橋としてのアクティブラーニング

山邉昭則

多様で複雑化する社会の情勢を反映して、広い学問的視野を身につけるための教養教育の充実と実践は、大学教育における喫緊の課題と言われる。教養学部を擁して「リベラルアーツの理念に基づく学部教育」を標傍する東京大学は、一、二年生の全員を対象とする「学部前期課程教育」に、他に先駆けてアクティブラーニング型の授業を導入してきた経緯をもつ。本章では、幅広いテーマ設定で教育を展開する筆者が、「高校の学習」から「大学の学び」への移行を支援する初年次教育の視点も併せて、アクティブラーニングの実践例を紹介する。

1　高等教育におけるアクティブラーニングの可能性

東京大学に入学した学生は、全員が一、二年次に教養学部に所属し、リベラルアーツの理念に基づく教養教育を受ける。特定の専門分野に偏らない幅広い知識と基礎的な教養を身につけることを目標とするこの前期課程教育において、文理にまたがる多彩な授業が提供される。そのリベラルアーツの理念を描いた「東京大学前期課程教育の理念と実践」では、新しい時代の情況を捉えたリベラルアーツを次のように意義づけている。

当初リベラル・アーツの内容は、人文学を中心とした知識・学識であり、一部のエリート階層に限定されたものでした。しかし、一九世紀から二〇世紀にかけて発展をとげた社会科学さらには自然科学を取り込んだリベラル・アーツは、現代にふさわしい教養として大学教育にとって新たな重要性を帯びつつあります。

教員へ向けても、

これまで以上に、学生に対して学習への動機づけを与え、学生が自主的に目標を確立していくように指導を行うことが求められています。また、単に授業に出席するだけではなく、教室外の学習も積極的に行うように学生の意欲をかきたてる授業設定が必要になっています。そればかりか、社会との接点を積極的に見いだし、各人が自分の生き方を確立していける学習環境を作り出していく必要があります。

と改善と創意工夫を求めている。東京大学は新しい時代に呼応した教育を志向しているのである。さらには、学習の動機づけへの積極的な働きかけと合わせ、学生が自己の学びについて「社会とのつながり」を見出すことを支援することの重要性が強調されている。

こうした理念を実現するためのアクティブラーニングの可能性を示すべく、筆者が四年間にわたり取り組んだ教育について紹介したい。それぞれの試みを通じて、学習者と教員が、授業や活動を「共創」する思いがあれば、いかなるテーマであってもアクティブラーニングとして実施できる可能性についても、読者に届けることができれば幸いである。

東京大学における教育の構造

東京大学での教育は、前期課程（学部一、二年生）、後期課程（学部三、四年生）、大学院という三層構造となっている。筆者はその全ての層を担当しているが、本章では前期課程教育における取り組みを紹介する。前期課程において学生は、文科（一・二・三類）と理科（一・二・三類）の大きく二つ（六科類）に分けられるが、後期課程への進学に際して文理を横断するような選択も可能である。早期に専門を確定させないレイト・スペシャリゼーションの考え方の下で教育が行われている。

前期課程のカリキュラムは、大きく三つに分けられる。「基礎科目」「総合科目」「主題科目」である。「基礎科目」は、学術の基礎を修めるためのものであり、概ね必修科目に相当し、所属する科類によって履修に多少の制限がある。多様性と専門性を担保するのが「総合科目」であり、おおむね初等専門科目に相当するが、科類によらず自由に履修することができる。「主題科目」は、担当教員の裁量で様々なテーマ設定がなされるものであり、ゼミに近い形式をとることが多い。

取り上げる講義の概要

本章では、「基礎科目」のひとつである「基礎演習」、ならびに「主題科目」の「全学自由研究ゼミナール」での事例を取り上げる。「基礎演習」は、アカデミック・スキルズ（学びの技法）の習得支援を主目的とする科目であり、比較的受け身な高校での学びから、主体性が求められる大学での学びへの円滑な移行を促すものである。初年次教育の代表例といえよう。なお、二〇一四年時点で、全学的に学士課程教育の改革が推進されており、初年次教育もより良い学習効果を目指した検討が進められている。本章で扱う基礎演習の事例は、二〇一一年から二〇一四年にかけてのものであることを付記しておきたい。

「全学自由研究ゼミナール」は、萌芽的な領域・学際分野を含めて、教員の裁量で様々なテーマが設定される。自由度の高いゼミ形式をとることで、前期課程と後期課程以降の専門教育との接続にも貢献している。その性格上、四〇名を履修の上限とし、希望者がそれを超える場合は選抜が実施される。学期終了後の評価は、担当教員によって定められた基準に基づき、可または不可という二値で行われることも特徴である。得手不得手ではなく、好奇心に従って様々な学術的テーマと出会うことを促す科目群と言えよう。

なお、アクティブラーニングについては、主に一九九〇年代から今日まで、多くの重要な研究が進められてきた。本章では、アクティブラーニングの一般的特徴を、その研究の先駆けでもあるボンウェルとエイソンの研究（Bonwell & Eison, 1991）、ならびに近年の松下佳代らの研究（二〇一五）に倣い、（1）学生が授業を聴く以上の関わりをしていること、（2）情報の伝達より学生のスキルの育成に重きが置かれていること、（3）学生が高次の思考（分析、総合、評価）に関わっていること、（4）学生が活動（例：読む、議論する、書く）に関与していること、（5）学生が自分自身の態度や価値観を探求することに重きが置かれていること、とする。

次節以降で、具体的なアクティブラーニングの試みを見ていきたい。まず、基礎演習と全学自由研究ゼミナールについての二つの事例、次に、様々なテーマへの援用可能性を示唆する三つの事例、そして、それらの発展形としての社会との交流に着目した二つの事例を示す。授業はすべて、教養学部のある駒場キャンパス内の21ＫＯＭＣＥＥ（21 Komaba Center for Educational Excellence）ならびにＫＡＬＳ（Komaba Active Leaning Studio）というアクティブラーニング仕様の教室で実施した。

2　実践例（1）——「基礎演習」におけるアクティブラーニング

・実施時期　二〇一一〜二〇一四年
・教室　KALS
・対象　文科類一年生　約二五名（基礎科目、文科類必修）

背景と授業設定

東京大学において「基礎演習」は次のように位置づけられている。

文科系1年生の夏学期（第1学期）の必修科目として開講されるもので、自分の課題を発見し、調査研究を遂行する、発表を行い、討論をする、論文をまとめるなど、大学における学習の基礎的な技法を習得することを目標としている。（共通シラバスより）

特徴としては、アカデミック・スキルズを十分に教示する限り、授業で扱うテーマ、進め方が担当教員に委ねられている点である。ここでは様々な演習のなかの一例として、筆者の取り組みを紹介したい。

本演習は、アカデミック・スキルズの習得を目標としつつ、中核となるテーマを、「東日本大震災の経験、その復興と再生」と設定した。冒頭で示した「大学での学びと社会とのつながり」を意図してのことである。また、大学生活全体における学びの動機づけを図ることを目指した。かつて初年次教育は学部一年生教育として完結されると理解される傾向があったが、今日は、学士課程全体、さらには大学院や卒後での学びも視野に入れて、いかに効果的に初年次教育を位置づけることができるかが問われており、それに呼応する意図も込められている。

本事例の初年度は二〇一一年の四月、すなわち、震災が起こったわずか一カ月後に始められた。受講生がまさに私たちの社会に、そして我が身に起こっている事象について、学術的手続きで課題を明らかにし、望ましい社会の在り方を考える契機が目指された。

授業の進め方

インプットが主流の学びから正解が一意に定まらない課題を考察する学びへの移行を促すため、取り上げるトピックや切り口は、それぞれの学習者の任意とし、学習意欲の持続性と能動性が保持されるよう工夫された。実際、この抽象的なテーマを設定して具体的な課題を学習者の自由な問題意識や価値観に委ねる方法は効果的に働いた。

初回にガイダンス、第二回に図書館ツアーおよび検索実習を行い（ここまでは定型的に実施が定められている）、序盤を通じて、調査・研究、議論、発表、論文執筆の基礎について知識を教示しつつ、初歩的な実践を通じたアカデミック・スキルズのトレーニングを行った。国内外の具体的事例を用いつつ研究倫理に

図 3.1 アクティブラーニングを取り入れた授業風景
正解がひとつではない社会問題に対して，独自の観点で課題を発掘し，現状を分析し，問題を可視化していく．議論を通してさらに論点を明確化し，洗練させていく．

ついても強調した。

中盤は、学習者自らがホワイトボードや付箋を活用してブレインストーミングとテーマの探索を行い、相互に意見を交わし、論点の不明瞭さの克服が図られた。終盤は、各自が定めた具体的テーマについての論文提出を念頭に、学習者一人あたり一〇分のプレゼンテーションと八分の質疑応答を行った。担当教員によっては、共同発表や複数回の発表を行うこともある。本演習ではスライドでの学術発表を基本としつつ、KALSの環境を活かし、他の受講生とのインタラクション、映像・音楽・デモンストレーション等、幅広い発表形式が取り入れられた（図3・1）。

学習者の反応と考察

図3・2に、二〇一二年、二〇一三年の学期後に実施した授業アンケートの結果を示す。批判的吟味や議論のトレーニングについては、一学期間だけでは為しえない難しさがあることが示唆されたが、概して主たるアカデミック・スキルズの定着を認めることができた。「大学で学ぶ意欲が向上した」という点については、二〇一二年は八八パーセント、二〇一三年は九五パーセントと、高い数値が示された。学期後に被災地へのボランティアに参加する学生が現れ、震災リスクが指摘される地域出身の学生から、「大学での初めての研究を通して、防災の意味を考え、今まで自分を育ててくれた故郷に恩返ししたい」という動機づけなども認められた。以下に、他の自由記述の回答例を挙げる。

「自分で調べる・発表するという能動的な関わり方をすることで、初めて震災にきちんと向かい合うこ

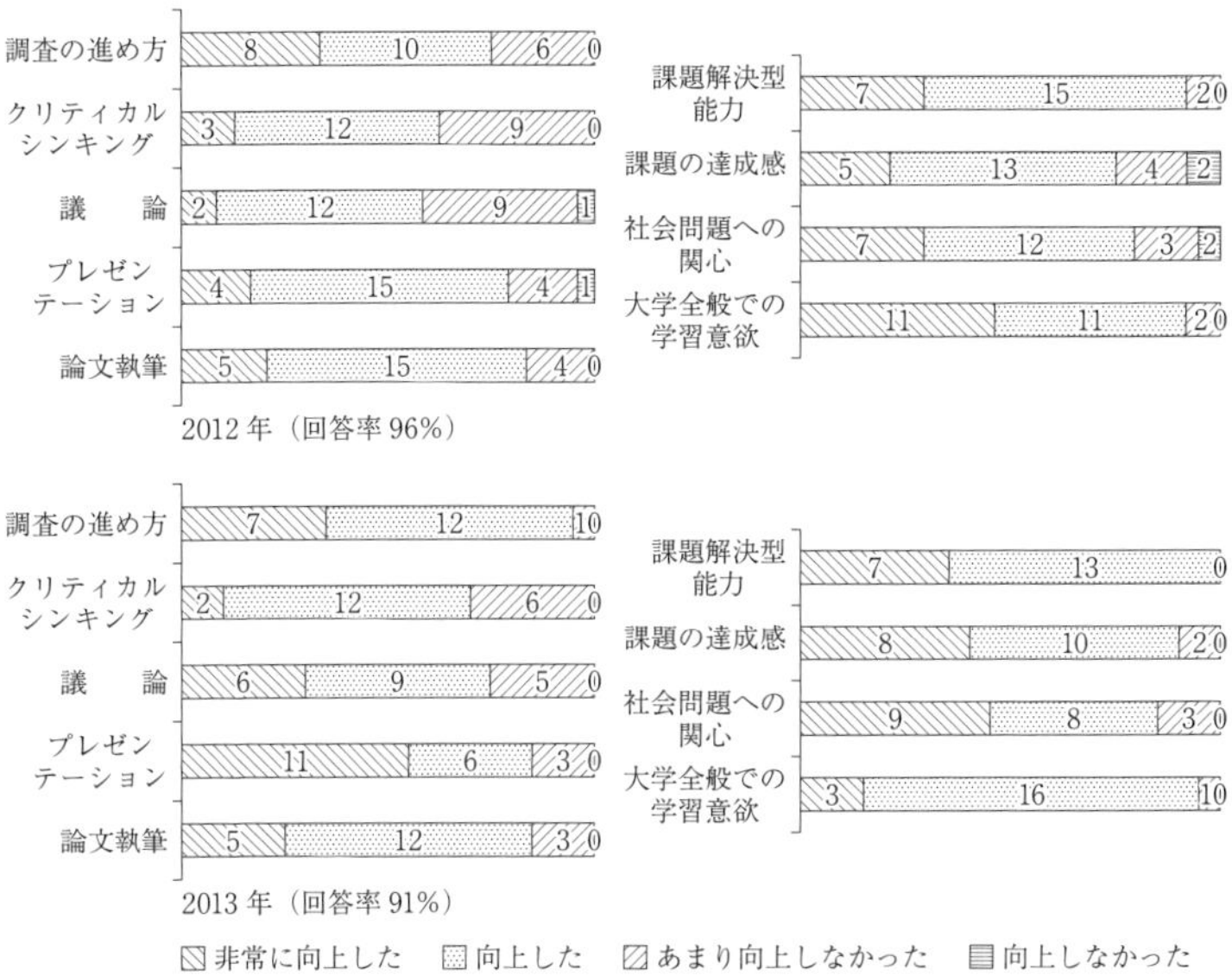

図 3.2　アカデミック・スキルズの定着と学習効果について
（学期後の無記名・提出任意アンケート）

とができた」、「自分なりにどうしたら問題解決できるか考え、自分の提案を練る上で、問題解決の思考法を鍛えることができた」、「優れたアウトプットには多くのインプット、咀嚼、自分なりの理解、再構成が重要なのだと感じた」、「大学生として社会的に責任ある立場であることを実感した」、「発表についていろいろ学んでいくにつれて、自分は人に何かを伝えるのが好きなのだと感じた。クラスのメンバーの思考レベルの高さが刺激になった」、「自分で調べることによって、関係ないと思っていたことが実は関係が深く、自分で知っていたつもりのことがさらに奥が深いことに気づいたとき、研究の面白さを知り、意欲が向上した」、「調査を通して、地に足のついた研究に力を感じた」。

大学での学びへの能動性の喚起、社会への貢献の意識に加えて、「研究」についても、普遍的な意義を提供できる可能性を、学習者自らの言葉によって示していると言える。

アクティブラーニングをサポートする体制についても触れておきたい。基礎演習では、TA（ティーチング・アシスタント）が教室付で一名配属され、授業中の学習を支援し、教員に対する技術的な支援や提案を行う。大学図書館では図書館ツアー、文献検索実習が実施される他、基礎演習TAによる相談コーナーも設置されている。授業の場以外でのアクティブラーニングを支える非常に重要な施策と言えよう。

3　実践例（2）――「科学コミュニケーション――新しい時代の新しい教養」

・実施時期　二〇一一・二〇一二・二〇一四年
・教室　KALS、21KOMCEE　二〇一
・対象　文科類・理科類一、二年生　約三〇名（主題科目、選択必修）

背景と授業設定

一九九九年、ハンガリーで開催された世界科学会議において「ブダペスト宣言」が表明された。科学の発展を主眼とした「科学のための科学」から、科学と社会の間で生じる問題解決やコミュニケーションを視野に入れた、「社会のための科学／社会における科学」へ重心を移していく必要性を唱えたものである。

この潮流を受けて、二〇一〇年四月から「科学コミュニケーション——新しい時代の新しい教養」というタイトルで、全学自由ゼミナールを開講した。科学技術をめぐるコミュニケーションの課題を様々な角度から主体的に考察することで、科学技術と社会の接点に対する学習者の関心を深めることが目的である。

授業の進め方

前半は多方面からの協力を得て、様々な話題提供を取り入れた。具体的には、担当教員による総合的な解説、天文学とアウトリーチを専門とする学内教員、現代科学論・科学コミュニケーション論を専門とする学内教員、科学館のキュレーター、科学技術行政官等を招いたディスカッションを実施し、科学技術と社会の間で生じる論点を共有した。例えば、情報伝達の問題、相互理解・信頼の問題、教育的課題、国際競争力の問題などである。

後半はアクティブラーニングを取り入れ、八班に分けられた四〇名の受講生達が、自ら課題を発掘し、問題解決を探索する作業に入った。科学ジャーナリズム・科学番組制作、市民参加型意思決定、アート・デザイン性を強調したアウトリーチ、科学研究のＥＬＳＩ（Ethical, Legal, Social Implications: 倫理的・法的・社会的問題）などのテーマが挙げられた。その後、複数回にわたり、現状分析、問題の所在や解決法について、ポータブルのホワイトボード、模造紙、付箋等を用いて、議論の経過や今後の進め方を視覚化し、議論が深められた。

最後に、ゼミナール全体でのグループ発表を開催し、教員のナビゲートの下でテーマへの批判的吟味が重ねられた。テーマについての基礎知識の共有、グループでの議論、全体での議論と学びを広げた。

学習者の反応と考察

毎回のフィードバックシートの記述を通じて、専門的色彩の強い科学技術というの領域がこれほどの社会的広がりを持つことに対して、驚きにも似た反応が多く寄せられた。また、本ゼミナールは、毎学期多数の受講希望が寄せられ、時には約一六〇名、すなわち定員の四倍に達した。科学技術に関わる社会問題では、多様なステークホルダーの立場を考慮し、異なる専門や職種の人たちと連携して問題解決に当たる必要がある。そのため、選抜の際にはバックグラウンドの多様性を尊重し、文科類・理科類、一年・二年、性別などの属性が偏らないよう留意した。前期課程であっても、学術的志向や価値観の多様性を軽視せず、学びの充実につなげていく考えが重要と考えられる。例えば、理学や文学を志向する学生が好奇心駆動型の研究への自由を求めることに対して、法律学や行政学を志向する学生がその研究予算措置の根拠、社会の理解について質問する場面も見られ、あるいは、使命志向型の研究開発が経済性に過度に傾く可能性や人間や環境へ及ぼす影響についての主張も見られた。

こうした多様性の確保に関して認められたもうひとつの特徴は、学びを通して、先入観や偏見が解消されていくという点である。例えば、基礎科学や人文科学を目指す学生が必ずしもすべて好奇心駆動型の研究を支持しているとも限らないなど、多様な価値観の表出が見られた。さらに付記すると、こうした価値観や意見の相違がネガティブな議論に至ることはほぼ皆無で、むしろ異なる意見があることを気づかせてくれた受講生仲間への敬意が多く認められた点も特筆すべきことである。専門性が未獲得の段階での学びであることが肯定的に作用した可能性を感じさせるものであった。筆者は専門性を持つ大学院生や卒後教育についても携わっているが、専門性の獲得は、自ずと他分野との線引きや棲み分けをもたらし、図らずも他の分野からの異論を幾らか受け入れ難くするものとして作用する可能性があることを実感している。本ゼミナールの意義として、専門性が未分化の段階での教育的働きかけによって、異分野に対するレディネスが形成されることを見込んでいたが、そのことは学習者の反応から幾らか裏付けられたと言える。

ここで再び、授業後の無記名自由記述アンケートの結果を見てみたい。前節の基礎演習はカリキュラム上文科類の学生のみの受講であったが、ここでは両者が参加しているため、文科・理科と性別を補足的に示す。

「どんな分野においてもその専門内だけではうまくいかず、専門外の人あるいは一般の人との理解、協力が必要ということが身にしみた（理科・女子）」、「科学者―市民の問題だけではなく、科学者―科学者、あるいは行政官などの他の専門家とのコミュニケーションについても考えさせられた（文科・男子）」、「自分が相手に伝えるという視点から説明するだけではなく、他の関心の相手が私の研究内容という目的地に到着できる説明を行う必要があると感じた。情報量のコントロールはどの分野も大切（理科・男子）」、「できれば文科類・理科類両方の必修にしてほしい（理科・男子）」、「学問に文理の差はなく、差は社会との関わりから生まれているのでは、と感じた。文理というくくりを超えたフィールドを俯瞰できるようになりたい（文科・男子）」、「様々な考えを持つ人がいるということを改めて知ることができた。自分の考えだけが絶対に正しい、などと思ってはならないし、周りの人の意見を聞くことは全体としての利益につながると思えるようになった（文科・女子）」。四段階式のアンケートでも、このゼミナールへ参加して良かったとの肯定的回答が九割以上寄せられた。

以上から、学術的志向の違いや価値観の多様性が、学習上の気づきにつながった可能性が読み取れる。アクティブラーニングを通じて、学生が学生から学ぶ、「ピア・ラーニング」としての効果も発揮されたものと言えよう。

4　多彩なテーマへの展開の可能性

前節まで、基礎演習と全学自由研究ゼミナールでのアクティブラーニングの実践例を、学習者の反応を含めて紹介してきた。

さらに本章の目的のひとつは、受動的な教育モデルを超えて、様々なテーマにおける主体的な学習の可能性を広げることである。次項以降で、より多彩なテーマへアクティブラーニングが展開できる可能性について、三つの事例とともに紹介する。

多彩なテーマへの応用（1）――「災害科学のリベラル・アーツ」

・実施時期　二〇一二年

・教室　21KOMCEE　二〇一
・対象　文科類・理科類一、二年生　約一〇名（主題科目、選択必修）

東日本大震災以降、自然災害についての適切な理解に基づく行動が強く求められるようになってきた。その背景の下、科学的知識の習得と行動変容（実際の防災行動）の関連性について、個々の体験を織り交ぜつつ考察する授業を開講した。

本ゼミナールは、地震学と防災コミュニケーションを専門とする教員とともに実施した災害シナリオを使った議論、模擬地震体験、自然災害の痕跡を読み解く巡検、学習者による自身の家族へのインタビューの実施など、様々な切り口と経験を駆使してテーマに対峙できるようデザインされた。

政策立案に志向のある文科類の学生と、科学的事象に関心を寄せる理科類の学生が議論を交わすことで、両者にとって新たな立案が示された。ここでも、ピア・ラーニングの重要性が見て取れる。社会のなかでは、様々な制約と多様なステークホルダーのなかで効果的に防災を実現する必要がある。異なる価値観や行動パターンを知った上で、自分の考えを構築するトレーニングは極めて重要と言えよう。

学術的な議論に基づく知見を、非専門家や当事者といった異なるコミュニティの文脈で捉え直すアプローチは、今後さまざまな社会問題への展開につながるものとなるだろう。実際に、すべての受講生が、家族や周囲の仲間の居住する家屋の防災対策について、理解を促す前向きな表現とともに、働きかけを行った。また、母校の恩師に依頼して高等学校の防災の現状調査を行い、修了後も、他の教育機関との共同学習を行う能動的な学習者も現れている。本章全体で志向している「社会とのつながり」を十分に体現したアクティブラーニングの実践例となった。

多彩なテーマへの応用（2）――「新しい時代のリベラル・アーツを考える」

・実施時期　二〇一三年
・教室　21KOMCEE　三〇三
・対象　文科類・理科類一、二年生　約四〇名（主題科目、選択必修）

教養教育の再評価の動き、「教育者中心から学習者中心へ」という高等教育の国際的潮流、正解がひとつではない問いと向き合う重要性の議論を受けて、新しい時代のリベラルアーツそのものについて思考し、創造するワークショップ型の授業を実施した。

それぞれの学習者の考えるリベラルアーツが、多様な方法（スライド、ポスター、ブレインストーミング、コンセプトマップ、ジグソー法など）で示された。ここでは、リベラルアーツについて思考することに加えて、各表現方法を体感することも重視された。最終的に各自の構築したアイディアを論文にまとめ、出版社に勤務する卒業生の協力を得て、電子書籍として編纂し、受講生で共有した。

本テーマのような抽象的なテーマには、クラス全体が共通の地平に立つよう、慎重なナビゲートが求められる。学期の前半にリベラルアーツや大学の歴史等の背景知識を十分に教示したうえで、いったんリベラルアーツとは切り離して現代社会の特性について議論するなど、学習者の理解度を注意い深く捉えた起伏のある進行が不可欠であった。

学期前後の変化を見るための無記名・提出任意のアンケートでは（回答率九二パーセント）、新しい時代のリベラルアーツについての自らの意思の構築が九割、様々なプレゼンテーションの表現力の向上が一〇割、大学での学びの意欲の向上についても、文科類・理科類の学生合わせて九割以上が向上したと回答した。自由記述では、「自分がなぜ今教養課程に身を置き、どのように後期課程以降につなげていく時期なのかについて答えを発見できた」、「専門課程に臨むにあたって、自己の適正の探索や将来のキャリアメイクを考えるうえでも有意義であった」などの省察的な感想も寄せられた。他の受講生の制作物や発表形式に触発されるケースも非常に多く、受講生同士の学び合いを創出する授業デザインはここでも効果的に働いたといえる。

多彩なテーマへの応用（3）――「アクティブラーニングを通して研究倫理と出会う」

・期間　二〇一四年
・教室　21KOMCEE　二〇一
・対象　文科類・理科類一、二年生　約三〇名（主題科目、選択必修）

近年、我が国において研究不正問題が表出し、研究をめぐる日本の国際競争力の低下、科学研究の社会的信頼の低下を招きかねない深刻な事態が生じている。

研究倫理は、テーマの本質として、それを根本で支える、研究倫理の意識の向上、感受性の醸成など、いわば情意的領域への働きかけが不可欠と考えられる。初学者の段階で動機づけを図り、学士課程全体において定着を促し、大学院および卒後では、各専門に即した最新のルールを身につける長期的なストラテージが必要なのである。

授業の主軸となる手法は、担当教員により十分な親和性があると判断された問題設定型学習（Problem-Based Learning: 本書第1章参照）が採用された。また、学期全体のアウトプットとして、受講生が受講生に対して「模擬授業」を行う課題が設定された。初学者には非常に難易度が高い試みであるが、他者に教えることが自己の学びの定着を顕著に促すというねらいに基づくものである。

授業では研究倫理についての国際的潮流を解説した後、研究不正に関わる海外事例の映像資料が共有された。さらに、国内外の代表的な研究不正に関わる約三〇事例のリストを配布し、研究不正が多岐にわたること、自然科学だけでなく人文・社会科学も無縁ではないという認識を共有した。そして、ＰＢＬの枠組み、すなわち、グループでの議論を通して、課題の発掘、問題の所在の分析、課外での背景調査、グループでの共有と新たな議論への適用、問題の構造の解明、不正防止策の提案という発展的サイクルを図解とともに共有した。

最終的に、一グループ当たり三〇分を目安にした模擬授業が展開された。内容は、研究不正をめぐる報道・情報伝達の国際比較、不正要因を組織レベルと個人レベルに分類して構造的問題を示すもの、論文評価のクラウド化や評価に加わるための免許制などの新たな発想を図解とともに示したもの、第三者評価機関の設立と運営の財政的工夫を提案するもの、医薬研究の特許問題に焦点を当てて、グループワークを求めて当事者意識を喚起させるもの、さらに目を引いたのは、無名研究者と有名研究者が不正に至る契機となったプレッシャーの異質さに着目して、それぞれ三ページにわたる短編小説を創作し、受講生に不正の温床や伏線となった個所の読解を求めたものである。構造的背景だけではなく、情緒的側面にも切り込んで創作されたものだった。

学期前後に、ゼミナールでの学習経験がいかなる認識と行動の変容を与えたのかを把握するために、無記名アンケートを実施した。主題に対する全体的な理解と関心の深まり、研究倫理問題への現実感の変化、問題解決の提案能力の向上、アクティブラーニングでの実施、前期課程段階でこのテーマに取り組む意義について、すべてにおいて、学期前は概ね二〜四割程度であったところ、学期後には八〜十割が肯定的な反応を寄せた。専門が未分化の初学者に対しても、アプローチを工夫することでテーマに対する支持が得られる可能性が示された。

アクティブラーニングによる研究倫理教育は国内で体系だった前例がなく、教員と学習者がともに困難を感じる場面も多かった。しかし、ともに新しい授業を創り、総じて肯定的な反応へつながったことは次につながる財産といえる。研究倫理教育が今後ますます重要性を高めることは確実と言える。海外の教育実践からも学び、国内の様々な実践事例を集約し、学術コミュニティ全体で発展させていく意識が重要となってくるだろう。

図3.3　体験型を取り入れたアクティブラーニング
体験を取り入れたアクティブラーニングを通じて，社会の問題を自己の問題として捉える契機を作る（上）．受け手の関心を喚起する素材を創作し，双方向性を多く取り入れたプレゼンテーション・模擬授業等を経験する（中・下）．

5　アクティブラーニングのアウトプットとしての社会との交流

ここまで、授業の場を通してのアクティブラーニングの実践例を見てきた。ここで視点を変えて、その学習効果を間接的・追跡的に評価する材料として、修了生のその後の活動を知ることも有意義と考えられる。二つの例を概略的に紹介したい。

学部二年次に科学コミュニケーションのゼミナールを受講し、文科三類から工学部の環境エネルギーコースに進学した学生は、二〇一三年の四年次、東京大学の最大規模の公開の催しのひとつである五月祭で、「これからの飯館を考える――飯館の若さがここにある」と題するワークショップ型シンポジウムを村民の方々を招いて開催し、企画と総合指揮を務めた。また、理科三類から医学部医学科へ進学した学生も同年の四年次に、「つながるメディカル――医学部四年生が考えるつなぐ医療、未来の医療」と題する大々的なアウトリーチ企画とシンポジウムを開催し、その総合指揮を務めた。こうした活動は、学習者自身の継続的で主体的な学び、豊かな出会いの賜物であるが、両名より、当該ゼミナールで得た学びがこれらの活動に良い影響を与えた旨の所感が寄せられた。このような、修了生の主体的なアウトリーチ活動は、アクティブラーニングの学習効果を測る研究を開拓するための貴重な事例にもなり得るだろう。

リベラルアーツのゼミナールに参加した学生も、五名の有志によって、21ＫＯＭＣＥＥ内の「オープンスペースアリーナ」で、同じく大規模な公開の催しである駒場祭において学術企画を出展した。「東大生が発信する新しい学びの姿」について一般の来場者へ魅力的にプレゼンテーションするというものである。この企画が開催されたのは、国内で設置が広がっている「ラーニングコモンズ」や「コミュニケーションスペース」に該当する空間であり、アクティブラーニングのアウトプットの空間として活用していくことは、非常に有意義と言えよう。

当企画では、自由に出入りしやすく椅子やソファがレイアウトされた会場へ、延べ二〇〇名を超える来場者があった。プレゼンテーション後の質疑でも多くの質問が寄せられ、休憩中や開催後も来場者が企画した学生たちと交流する様子が多々認められた。来場者は幅広い年齢層があり、アンケート回答者の内訳で見ると、小中高校生が一二パーセント、二〇歳代が四〇パーセント、三〇~五〇歳代が四〇パーセント、六〇歳以上が四パーセントであった。アンケート結果（回答率六〇パーセント）によると、当該大学への印象の変化を問う選択式の質問で、肯定的な回答が九六パーセントにも及んだ。自由回答では、「学生が何を語るかは大学を映す鏡だと感じた」（二〇代男性）、「今後、更なる熱意とともに広く学んで行きたいと思いました」（二〇代女性）、「素晴らしい試み。今こそリベラル・アーツが必要な時代。ぜひこうした教育を広げていってください（七〇代男性）」、等の回答が見られ、結果として教育機関のアウトリーチの意義も有する企画となった。アクティブラーニングの延長線上にある学習者自らの主体的活動を通じて、大学と社会との双方向的で互恵的な関係を創造した例と言えるだろう。

図 3.4　修了生による社会へのアウトリーチと来場者との交流
修了生の企画・運営による，社会とのつながりを創造したワークショップ型シンポジウムとアウトリーチ企画．アクティブラーニングの学習効果と発展例としても有意義な示唆を与える．

6　まとめ

本章では、東京大学におけるアクティブラーニングについて、五つの教育事例と二つの学生活動を題材とし、その可能性を検討してきた。それぞれに課題もあるが、アクティブラーニングは総じて、学生の能動性を喚起させる教育、そして「大学での学びと社会とのつながり」を実感させる教育として、十分な可能性と有効性を持つと言えるものであった。萌芽的なテーマについて学習者中心で取り組む場合にも非常に適していると言えよう。さらに、各種のアンケートから、大学生活全般における学習意欲の向上や主体性の向上につながる可能性も読み取れた。

教育の技法としては、いかに学習者が学習者から学ぶピア・ラーニングの環境を作り出せるか、ということの重要性が指摘できる。教員が日頃から学びの潜在的なニーズを把握するように心がけることも有効であろう。事実、これまでのヒアリングから、教員から学生への一方向的な授業に対するとまどいや、学生同士の学び合いが創出される授業デザインへの要望が確認されていた。学習者の内面が尊重されることによって、自らの学びへの責任感を喚起する効果にもつながったと言える。

本章で扱った試みは、近年の国際的な議論でも見られるように、教員は講義を通じて知識を教示するだけでなく、長期的な学びの動機づけや社会性を育むことが望ましいという潮流の一端が表れたものとして着目に値する。筆者は高等教育関連の国際学会でしばしば報告を行うが、特に、「社会的責任感の醸成」

という学習効果については、様々な国の研究者から多くの肯定的反応が寄せられることをここに付記しておきたい。

最後に支援体制について、本章の例で言えば、時代に即した教育を推進しようとする機関全体の方針が支えとなった。新しい試みを推進していこうという「機運」を機関全体に創り出すことは、時代の先を行く教育を実現していくために極めて重要と思われる。また、科学コミュニケーションや防災コミュニケーション等のゼミナールでは、様々な学部や附置研究所の教員から快く協力を得たことも授業の充実につながった。アクティブラーニングを実施するに当たっては、教員単独での履行はほぼ不可能であることから、TAの育成やファカルティ・ディベロップメントの充実と合わせ、教員同士や学外の様々な職種の人々と協働できる信頼関係や連携体制を日頃から培っておくことも、学習者の有意義な学びにつながる。

これまで見てきたように、アクティブラーニングは、大学における学びと社会とのつながりを促進し、いわば「学習者と社会の架け橋」として、これからも新時代を切り開いてくれるものとなるだろう。

引用文献

東京大学大学院総合文化研究科長・教養学部長石井洋二郎発行／東京大学大学院総合文化研究科・教養学部附属教養教育高度化機構編集（二〇一四）「東京大学前期課程教育の理念と実践」。
松下佳代・京都大学高等教育研究開発推進センター編著（二〇一五）『ディープ・アクティブラーニング――大学授業を深化させるために』勁草書房。

Bonwell, C. C. & Eison, J. A. (1991). *Active learning: Creating excitement in the classroom.* ASHE-ERIC Higher Education Report No. 1.

参考文献

石井洋二郎（二〇一三）「深く迷い、高く跳べ」『東京大学教養学部報』五五五号。

石井洋二郎（二〇一五）「平成二十六年度　教養学部学位記伝達式　式辞」。

初年次教育学会（二〇一三）『初年次教育の現状と未来』世界思想社。

中央教育審議会（二〇一二）「新たな未来を築くための大学教育の質的転換に向けて——生涯学び続け、主体的に考える力を育成する大学へ（答申）」。

中央教育審議会（二〇一四）「新しい時代にふさわしい高大接続の実現に向けた高等学校教育、大学教育、大学入学者選抜の一体的改革について（答申）」。

永井良三（二〇一二）『里程』非売品。

日本学術会議（日本の展望委員会／知の創造分科会）（二〇一〇）「二一世紀の教養と教養教育（提言）」。

溝上慎一（二〇一四）『アクティブラーニングと教授学習パラダイムの転換』東信堂。

山田礼子（二〇一二）『学士課程教育の質保証へむけて——学生調査と初年次教育からみえてきたもの』東信堂。

山邉昭則（二〇一六）「アクティブ・ラーニングを通した研究倫理教育」『初年次教育学会誌』（印刷中）。

吉見俊哉（二〇一一）『大学とは何か』岩波新書。

Upcraft, M. L., Gardner, J. & Barefoot, B. (2005). *Challenging and supporting the first-year student: A handbook for improving the first year of college*. Jossey-Bass.

第4章　英語で科学する

アクティブラーニングによる英語プログラム「ＡＬＥＳＳ」の取り組み

トム・ガリー

語学教育は、大学初年次の教育カリキュラムを構成する柱のひとつであるが、社会の急速なグローバル化に伴って、どの言語をどう学ぶか・学ばせるかに関して、学ぶ側の意識も教える側の意識も大きく変容してきた。東京大学の一、二年生の語学教育カリキュラムでは、二〇〇八年から、科学研究に必要となるコミュニケーションに特化したアクティブラーニング型の英語教育プログラムＡＬＥＳＳ（Active Learning of English for Science Students）を実施している。本章では、プログラム実施責任者のひとりである筆者が、具体的な授業の方法とその効果を解説する。

1　世界の潮流、大学の挑戦

東京大学教養学部にＡＬＥＳＳというプログラムが設立された経緯には二つの大きな背景がある。ひとつは科学研究のグローバル化とそれに伴う英語の共通語化だ。もうひとつは東大の一、二年生対象の英語教育における発信型英語、特にアカデミック・ライティングの重視である。

二〇世紀後半までは、科学研究成果は様々な言語で発表されていた。アイザック・ニュートンの『自然哲学の数学的諸原理』（いわゆる『プリンキピア』、一六八七年）とカール・フォン・リンネの『自然の体系』（一七三五年）はラテン語で書かれた。アレッサンドロ・ボルタの新しい電池の発明に関する諸論文（一八〇〇年）はフランス語とイタリア語で書かれ、チャールズ・ダーウィンの『種の起源』（一八五九年）は英語だった。マリー・キュリーが『放射線概論』（一九一〇年）の執筆に選んだ言語はフランス語であり、志賀潔が『赤痢病原研究報告』（一八九七年）を書いたのは日本語だった。そして、アルベルト・アインシュタインが「奇跡の年」と呼ばれる一九〇五年に発表した特殊相対性理論などに関する諸論文は、すべてドイツ語で書かれていた。

しかし、二一世紀の現在においては、科学の成果はほぼ一言語のみで発表されている。その言語は言うまでもなく英語だ。英語が科学の共通語になった理由は、一七〜一八世紀のヨーロッパにおいてラテン語が科学者の共通語だった理由と基本的に同じである。すなわち、運動体の動きにせよ植物の分類にせよ、科学研究の対象は特定の国家や言語のものではなく世界共通、または宇宙共通の現象であるため、このような現象を効率的に研究するためには、各国の科学者がお互いにコミュニケーションできる言語が必要になるのだ。科学の共通語が現在のところ英語になっているのは、英語が特に科学コミュニケーションに適した言語だからではない。むしろ歴史的、政治的、経済的な要因が大きいと考えられる。それでも、英語は間違いなく現代の科学共通語となっているので、科学研究に携わろうと考える科学者には英語を効果的に使う能力が絶対的に必要である。

日本の一般社会でも英語が共通語になったとはもちろん言えないが、かつてのように「遠い外国の言葉」とも言えなくなった。この数十年間、政治や文化、またはビジネスなどでは英語を媒介とする交流が日本人と諸外国の人々の間にますます活発化してきている。そのため、英語を受動的に理解するだけの能力では、もはやまったく不十分で、日本人でもアクティブな英語能力が必要になった。この必要性を背景に、東京大学教養学部英語部会では、東大全体の教育と研究の動向、そして東大の卒業生が歩むキャリアなどを考慮して、発信型英語、特にアカデミック・ライティングとプレゼンテーションを重視することになった。そのひとつの成果が、二〇〇四年に出版された *First Moves: An Introduction to Academic Writing in English*（ポール・ロシター＋東京大学教養学部英語部会著）という教科書である。同年、多数の東大生が *First Moves* を使い英語の学術論文を書くコツを学びはじめた。このような教科書では、研究者となる学生たちだけが自分のキャリアに役に立つスキルを学ぶのではない。東大でアカデミック・ライティングを重視するようになった理由には、しっかりした論文が書ける人は、学問の世界のみならず、官庁、企業、法曹、外交などでも必要不可欠な確かな論理構想や客観的な視点を持つ英文を書くことが可能になるとの期待がある。

このように、東大生にとっては、文系でも理系でも英語の発信能力が必要になったが、先に述べた理由でこの必要性は特に理系の学生に高いと言える。東大の理科生の約八割が大学院に進学し、その多くが英語で論文を書き国際学会で発表するようになる。*First Moves* でも理系論文の執筆に有用な技能を学ぶことができるが、科学、工学、医学などの研究におけるコミュニケーションに特化した英語教育を理科生全員に提供するために生まれたのがＡＬＥＳＳプログラムである。時は二〇〇八年四月だった。

2　ＡＬＥＳＳの誕生

ＡＬＥＳＳはActive Learning of English for Science Students、すなわち「理科生のための能動的英語学習」の略語である。二〇〇八年度以降、東大に入学した理系一年生（東大式にいうと「理一」「理二」「理三」の一年生全員）が夏または冬のいずれかの学期にＡＬＥＳＳを受講しなければならない。受講生たちはＡＬＥＳＳで科学コミュニケーションの基礎、特に理系論文の構造や語法を学ぶだけではなく、仮説と検証からなる科学的方法を応用してオリジナルな科学実験を考案・実施する。その実験が学期後半に書く論文と学期末に行うプレゼンテーションの内容にもなる。ＡＬＥＳＳの授業は英語のみで行われ、約一五人の特任講師も英語のネイティブ、またはそれと同等の英語能力を持つ人だ。

ＡＬＥＳＳの授業が「アクティブ」と言えるのには、主に二つの理由がある。ひとつは教室で行う活動だ。もうひとつはオリジナル実験である。

外国語の教室では受講生を能動的に参加させるのは珍しいことではない。初級のクラスでは、発音を習得するために先生が読み上げた単語やセンテンスを繰り返させる、また日常会話で役に立つ表現を覚えさせるために簡単なダイアローグを演じさせるといった活動がしばしば取り入れられている。中上級の授業になると、ロールプレイングや自由な会話もよく使われる。ただし、ＡＬＥＳＳの教室ではそのような活動はあまり使われていない。東大生に英会話の練習が不要だというわけではない。実際には、主に受験勉強のために長年英語学習に励んできた多くの東大生には、高い読解力や文法力のわりに流暢に英語を話せない学生が少なくない。それでも、ＡＬＥＳＳの授業において受講生を活動させる当面の目的は、会話力の向上よりも科学英語に取り組む力の向上である。

一例を挙げると、学期の四、五週目には次のような活動が教室内で行われることがある。この時期、受講生たちは自分の実験テーマを既に決定し、自宅や学内で実験を始めているところだ。実験の結果はまだ出ていないかもしれないが、論文の導入部（「イントロダクション」）を書き始めることができる。ＡＬＥＳＳを受講するまでは英語どころか日本語でも科学論文を読んだことのない多くの一年生には、もちろんそのイントロに何を、どのような順序で、どのような表現で書くべきかは分からない。そこで、教員が実際の科学論文の導入部（一～二段落程度）をプリントで学生に配布し、授業内で読ませる。読み終わったら、

・What current scientific knowledge is summarized?（どのような既存の科学知識が要約されていますか）
・What gap in that knowledge is identified?（その既存知識にはどのような未知の部分が指摘されていますか）
・What new research did the authors of this paper carry out?（この論文の著者たちはどのような新しい研究を行いましたか）

学生たちは小グループを組んで、上のような設問についてディスカッションを行う。

これらの質問は学生たちの読解力を測るためでもあるが、それよりも科学論文の導入部にどのような要素がどの理由で入っているかを発見させるためのものである。すなわち、科学論文は単なる既存の知識または新しく収集されたデータを報告するものではなく、今まで研究されてきた分野で解明されていない新しい知見を他の科学者に伝えるためのものなのである。

このような知識は、巷に溢れる『科学論文の書き方』といった本のように直接説明することも可能だが、発見形式にするには様々なメリットがあると考えられる。ひとつは、アクティブラーニング運動の標語ともなっている、「言われても忘れる。教えてもらったらいちおう覚える。参加させてもらったら学ぶ（Tell me and I forget. Teach me and I remember. Involve me and I learn.）」のように、学生が問題解決に能動的に参加することにより真の意味での「学び」が期待できるからである。東大生がＡＬＥＳＳで習得する知識やスキルが実際に必要になるのは数年後だ。その場合は特に、先生から受動的に教えられ学期が終わったらすぐ忘れてしまう知識よりも、自分の力で究明した原則などのほうが長く頭に残って将来にも役に立つはずである。

もうひとつは、「発見型」学習法を習わせるためでもある。各分野の学術論文はそれぞれの特徴を持っており、ある特定の分野で研究を論文で発表しようとすれば、その分野に特有のルールや慣例に従わなければならない。例えば図表の形式や第一人称の使用などは必ずしもガイドブックに載っているわけではなく、論文の著者は自分の経験から推測しなければならない。ALESS修了生の多くは数年後、専門課程や大学院で多数の科学論文を読むことになる。ジャーナルに載せられた論文の特徴は自分でも発見できると以前からわかっていれば、自分の論文を書き始める際に必要な知識は既に習得してあるはずだ。

ALESSは英語の授業でもあるので、授業内のアクティブ活動には科学英語の特徴を発見することも含まれる。例えば、論文の英語には第一人称（"I"、"we" など）の使用、能動態と受動態の使い分け、そして現在形と過去形の区別などの点で学部一年生が今まで勉強してきた一般の英語とは異なるところがある。外国語教育では、文法の法則を説明しても学生たちがなかなか習得しないことが多いが、科学論文における英語の傾向を発見させ、自分の論文に応用させれば、もっと長持ちする知識になると思われる。

3　相互文章相談である「ピア・レビュー」

ALESS授業におけるもうひとつの重要なアクティブ活動はピア・レビュー（peer review）である。ピア・レビューという言葉は、学術論文の匿名査読を指すのによく使われるが、ALESSでは少し異なった意味を持つ。ALESSのピア・レビューは次のように行う。

論文のイントロダクションを書くという宿題が講師から課されたとする。次週までに受講生全員が自分が行う実験に関するイントロのパラグラフをパソコンで書いて二部ずつ印刷し、授業に持参する。教室で講師から注意点などの説明を受けてから、学生たちはペアを組んでお互いの文章を読む。前週にイントロの重要な要素を学んだが、それをうまくまとめられなかった学生がいるかもしれない。また、執筆者には自分が伝えたい内容がわかるが、他の人の目には意味不明なところがある可能性もある。もちろん、英語という外国語で書いているので、自分では気づかない語彙や文法などのミスがあるかもしれない。このような点に注意しながら、それぞれの学生ペアは互いのパラグラフを読んで、それぞれの文章をどのように分かりやすくできるか、どのように科学論文として相応しい文体にできるか、どのようにミスを減らせるかなど、討議しながら一緒に考える。このピア・レビューの成果に基づいて、各学生は次週までに、自分のイントロを再考し書き直すことになる。ピア・レビュー活動は第三、四週目から学期末のプレゼンテーションまで、ほぼ毎週行う。

ＡＬＥＳＳの授業にピア・レビューを積極的に導入したことには、いくつかの理由がある。ひとつは、科学者が英語で文章を書く目的は、入学試験などのように自分が正しい英語が使えることを証明するためではなく、自分の研究をしっかりした論理で読者に伝えるためであることを学生たちに示すことだ。もちろん、将来的には対象の読者は世界各国の科学者になるが、ＡＬＥＳＳの受講生たちはそのようなオーディエンス向けに書くには経験がまだ足りない。それよりも、自分と同じ課題に取り組んでいる人、自分と同じ大学の学生、すなわち自分の「ピア（仲間）」が最初の読者になれば、その人との討議で自分が書いた文章について有益なことをいろいろ発見できる。他方、ピア・レビューのパートナーが書いた文章を注意深く読んでアドバイスを提供しようとする活動によって、自分が執筆中のＡＬＥＳＳ論文、または今後執筆する文章のためにも様々なテクニックやアイディアも思い浮かぶ。

もちろん、英文作成に関するアドバイスはＡＬＥＳＳ受講生同士だけが行うわけではない。毎週、執筆中の論文を二部授業に持参するのは、一部をピア・レビューで使い、もう一部は教員に提出するためだ。ＡＬＥＳＳを教えている特任講師は全員が英語のネイティブまたはそれと同レベルの英語力を持つと同時に、それぞれ高い学歴を持って積極的に研究に取り組んできた学者でもある。そのため、英語の語彙や文法についてだけではなく学術論文の構成や文体、または研究そのものへの取り組み方についても適切なアドバイスを受講生たちに提供できる。そのため、ＡＬＥＳＳの教員たちは、ピア・レビューが行われている間に学生からの質問に答えることもするが、提出された草稿の一部には授業中に目を通し、また授業後には全部読んで、各学生またはクラス全員に改良できる点について教える。

教員の教えはもちろん重要だが、ＡＬＥＳＳではやはり学生同士のやり取りを特に重視する。その理由は前述のように、アクティブに学習することによって学んだ知識やスキルが長く残ると期待できるからである。しかも、特に将来、科学、工学、医学などで研究者になるであろうＡＬＥＳＳ受講生たちには、理系諸分野で当たり前となっている共同研究を早くから経験させることも重要だ。実際に、多くの理系ジャーナルには、著者がひとりしかいない論文はほとんどない。二、三人が書いた論文もあれば、大きな研究プロジェクトに関する論文の場合は数十人、時には数百人の著者名が列挙されていることもある。ＡＬＥ

SSは大学の授業として各個人に成績をつけなければならないので共同執筆の論文は書かせられないが、少なくともピア・レビュー活動で他学生とともに作文について考えさせ、将来、実際に共同で文章を作るときに役立つスキルを身につけさせることは、ALESSでのピア・レビューの大きな目的となっている。

4　東大オリジナルの「ALESS実験」

学生同士の相互添削はALESSのために新しく開発した教育方法ではない。母語のライティング教育だけではなく、第二言語教育においても様々な大学や学校でだいぶ前から導入されている。ALESSが立ち上がったときには、ピア・レビューに関する授業報告や先行研究が大いに参考になった①。もちろん、科学論文の構造や文体についても口頭発表についても、他の大学の実施例や専門家の知恵がALESSのシラバスに反映されている。

しかし、ALESSで独自に開発された重要な項目がひとつある。それはALESS実験だ。ALESSの受講生たちが書く論文は、各学生がひとりでまたは小グループでオリジナルにデザインした実験の方法や結果などを報告するものである。実験の考案と実施には数週間しかなく、学生たちはすぐ用意できる資材やALESSに付属するラボが提供する簡易器具で実験を行わなければならない。なお、実際の科学研究と同様に、ALESSの実験は研究者の趣味や思い付きで勝手にやるものではなく、また今まで何回も行った実験をそのまま再現するものでもない。今までの研究で解明されてこなかった問題を解決しよう

表 4.1　ALESS の受講生が書いた論文のタイトルの例（2011 年度冬学期）

- The most effective color for the growth of water plants
- Effect of salinity on the hatching and survival of *Artemia*
- The relationship between heart rate and pH of solution in *Daphnia magna*
- The Worthington jet produced by a drop
- The effect of oxalic acid in vegetables on the prevention of coffee stains on teeth
- The effect of extraction conditions on acidity of coffee brew
- The effect of powder type on sneezing
- The relationship between the water level in a glass and the sound from the glass
- The relationship between stimulus and generating randomness
- The bactericidal action of fruits in the yogurt
- The effect of holding a weight in the right hand on Weber fractions in weight perception of the left hand
- Effects of groove patterns on shoe sole on measured coefficient of friction
- Efficiency of wind turbines
- The effect of the secondary coil on contactless power transmission devices
- The behavior and application of the small simulated lightning by piezoelectric element
- Word length of texts in the stimuli does not effect on the experiments treating time stress
- The effect of acid water on the color change of *Eustoma Russellanum*
- Relative pitch and music experience

とする野心が求められているのだ。紙面が限られているので、学生たちがこれまで行ってきた多岐にわたる実験テーマの説明は割愛するが、二〇一一年冬学期の代表的な例を表4・1に示す。

ALESS受講生にとって実験はこの授業の最も興味深く楽しい部分になる場合もあるが、授業評価アンケートの結果を読むと最もたいへんな部分と考える学生も少なくないと言わざるを得ない。ALESSは大学のカリキュラムの中で「英語」の授業として位置付けられ、授業の最大の目的は東大生の英語能力を上げることなので、なぜALESSにオリジナル科学実験が取り入れられているかを説明する必要があろう。

ひとつの理由は、ALESSが始まる前まで遡る。二〇〇五年から、東京大学教養学部にはクリティカル・ライティング・プログラム（Critical Writing Program、CWP）という小さな組織が存在した。CWPの使命は新しい英語ライティング教育法の開発だった。そのために、数人の教員が一、二年生向けのパイロット授業をいろいろな形で教えてみた。二〇〇六年ごろに行った、サイエンス・ライティングのパイロット授業では、その講師であった筆者は難解な問題に直面した。それは、大学に入ってきて間もなく、専門分野すらまだ選んでいない学生たちに何を書かせるかということだった。科学ジャーナリズムやエッセーであれば、文献やインタビューで集めた情報が作文の題材になり得たが、東大の理科生の中で将来、そのようなスタイルの文章を英語で書く人はかなり少ないと思われた。研究論文を書く技能のほうが明らかに重要だったが、論文は通常、新しい発見を紹介するものだが、科学の基礎を勉強している一、二年生はまだ自分の研究を開始していない。最初のパイロット授業では過去の有名な実験の内容を論文スタイルに

図 4.2 *ALESS Collection*

東京大学 1 年生が ALESS のために書いた論文が収録される．各号には約 20 個の代表的な論文が掲載されている．この論文集は ALESS 受講生全員に無料で配布され，実験テーマのアイディアの題材になる．

書き直すことを試してみたが、筆者にそのような実験に関する知識が足りなかったこともあって、論文の執筆がうまくいかなかった。課題そのものも、機械的に文章を組み立てるように見えて、学生たちには面白くなかったようだ。次回には「自分の実験や観察でデータを集めて、それを論文にまとめる」に課題を変えたところ、学生たちはやりがいを持って研究課題にも論文の執筆にも取り組んでくれた。今のＡＬＥＳＳ論文と比較すれば当時の論文は内容的にかなり未熟であり、科学的な意味や考察も不充分だったが、受講生は明らかにモチベーションを持っていたので、その後のパイロット授業にも二〇〇八年からのＡＬＥＳＳ授業にもオリジナル実験が中心的な役割を果たしてきた。

　学習者の動機づけは外国語教育の重要なテーマだが、ＡＬＥＳＳ実験はモチベーションよりももっと重要な目的を持つ。資材などが簡単だと言っても、科学的な意味を持つ実験を考案するには、仮説の立て方や「制御変数」「非制御変数」「独立変数」などの違いをしっかり理解する必要がある。科学的な創造力も要求される。そういう思考力こそが、ＡＬＥＳＳ実験のデザインと実行、そして論文の執筆によって鍛えられているのである。その思考力もまた、高度な教養に必要なクリティカル・シンキングの重要な要素でもあるので、東京大学教養学部の学生たちに必要不可欠だと思われる。

最後に、ＡＬＥＳＳ実験はアクティブラーニングそのものでもあると言える。学期の初めには *ALESS Collection* 各号（図４・２）に載せている学生論文、講師が選んだ科学論文、受講生たちが独自に見つけた論文などからアイディアを得て、まず新しい仮説と実験をひとりか小グループで考え出す。それをプロポーサル（proposal）という提案にまとめて、文章または口頭で他の学生たちに提示して活発に議論する。議論は、例えば、

・提案されている実験で、実際に仮説を論証できるか
・実験における制御変数、非制御変数、独立変数などの区別は明確であるか
・実験を実施するにあたっては、どのような問題が起こりうるか

などを重視するので、議論の結果、各学生が実験計画を改良し実現可能にできる。そして、文章のピア・レビューと同様に、他の学生の提案を建設的に批評することで、自分の実験考案も改良できると期待される。

図 4.3　駒場ライターズ・スタジオ

5　支援体制

ＡＬＥＳＳの授業は週一回、各回一〇五分、そして一学期間しか行わないので、かなり高い密度で教育が行われる。自分で実験を考案・実施したこともなく、英語で科学論文どころか長い文章すら書いたことのない一年生にとっては、当然ながらやさしい授業ではない。各教員はできるかぎり受講生に個別のアドバイスを提供するが、学生との会話やメールは原則として英語のみで行い、また各教員は約一〇〇人の学生を同時に担当するので、ＡＬＥＳＳは二つの特別組織によって受講生に支援を提供している。それらの組織は駒場ライターズ・スタジオとＡＬＥＳＳラボ（ALESS Lab）と呼ばれる。

駒場ライターズ・スタジオ（ＫＷＳ、図４・３）は、米国などの多くの大学で設置しているライティング・

図 4.4　ALESS ラボ（ALESS Lab）

センターと基本的に同じように機能する。ALESS論文の執筆で解決できない問題があったり他者のアドバイスが欲しい受講生は、オンラインで予約を取ってKWSでチューターと一対一で相談する。KWSで働くチューターは全員が英語が堪能で、アカデミック・ライティングの教授法について特別な訓練を受けてきた大学院生である。KWSでは個別相談のほか、ALESS受講生向けに、表計算ソフトの使用などに関するワークショップも行う。

ALESSラボ（図4・4）はKWSの実験版と言える。すなわち、ALESS実験の考案や実施、または実験結果の解釈について質問があるときに、ラボに行って理系の大学院生に相談できる。ALESSラボでは実験台、顕微鏡、温度計などの設備や器具を使って実験を行うことができる。また、器具の貸出も行っている。

KWSの設置と運営については、国内外ライティング・センターの前例が大きく参考になっている。例えば、個別相談（「チュートリアル」）の実施法については、チューターがどのように受講生と話すべきか、また、細かい問題（文法のミスなど）と大きな課題（論文全体の構造や内容など）のどちらを重視すべきかに関しては先行研究や他大学を参考にALESSに適した方法論を確立できたと思う。一方で、オリジナル科学実験の考案と実施が中心的な役割を持つ英語アカデミック・ライティング入門の授業はALESS以外に存在しないようなので、ALESSラボで行う相談方法は試行錯誤により模索中と言わざるを得ない。

しかし、まだ模索中と言っても、ひとつの面白い成果が見えてきた。学期の後半には、ALESS受講生の実験そのものが終わっているので、ラボへの相談件数が減ってくる。それで、暇になったラボのチューターたちはKWSに行って、ライティング・チューターと一緒に論文に関する相談に参加する。ラボのチューターたちは皆、自分の専門分野で科学論文をよく読むだけではなく自分の研究論文を執筆中なので、科学者の目で様々な有益なアドバイスを論文執筆と格闘しているALESS受講生に提供できる。そして、普段はほとんど接点のない文系のライティング・チューターと理系のラボチューターの間でも交流ができ、お互いに刺激になっているようだ。

6　課題と展望

東京大学に入学する理系一年生は二〇〇八年度以降、全員がALESSを受講しているので、初期の履修生たちの多くは現在、大学院や研究所で研究に取り組んでいる。ALESSで学んだ英語論文執筆法などが実際に役に立っているか、今後の追跡調査などで確認する予定である。しかし、東京大学の学部前期課程（一年と二年）には、ＡＬＥＳＳの他にも様々な英語の授業が開講されているが、専門教育が三年と四年に集中するので、その間に英語の勉強を中断せざるを得ない学生が多い。そのため、一年次にせっかく習得した英語の大半が忘れられていく可能性がある。ＡＬＥＳＳにはアクティブラーニングが積極的に導入されているので、応用言語学でいう「言語喪失」、すなわち、せっかく習得した言語を忘却することが受動的な学習の場合ほど起こらないと考えられるが、より確実に英語を習得させるためには学部の四年間を通して一貫した英語教育プログラムの設立が重要だと思われる。もちろん、留学機会や英語で実施される専門科目の拡充も望ましい。

ＡＬＥＳＳの開始以来、懸案となっていた文系の学生向けのアカデミック・ライティング必修授業は、ようやく二〇一三年度から始まった。ＡＬＥＳＡ（Active Learning of English for Students of the Arts）と呼ばれるこのプログラムにおいては、ＡＬＥＳＳと同じように論文の執筆が中心となっている。ただし、ＡＬＥＳＳには仮説の確立や実験における変数など、科学方法論に重要な概念が導入されているが、ＡＬＥＳＡでは人文や社会科学の諸分野において特に重要性を持つ論証（argumentation）や修辞法（rhetoric）が重視される。これらは将来、研究だけではなく企業、官庁、ＮＧＯ、文化活動などでリーダーとして活躍するであろう東大生にとっては必須なスキルであると思われる。もうひとつの課題となっていた東大生の口頭流暢性についても、二〇一五年度から始まったＦＬＯＷ（Fluency-Oriented Workshop）というスピーキング授業で対応している。言うまでもなく、ＡＬＥＳＡでもＦＬＯＷでも、様々なアクティブラーニング手法が導入されている。

（1）それでも、ＡＬＥＳＳの当初は、ピア・レビューがうまくいったとは言えない。一年目の各学期末に行った授業評価アンケートでは、論文執筆、口頭発表などＡＬＥＳＳの諸活動の中で最低評価を受けたのはピア・レビューだった。我々は当時の受講生たちにピア・レビューの方法やメリットを十分に説明していなかったようだ。その後、ＡＬＥＳＳ教員陣の努力と工夫によって、ピア・レビューの導入法と実施法が改善され、学生たちからの評価も大きく向上した。

第5章　アクティブラーニングを支援するＩＣＴツール

タブレットＰＣを活用したソフトウェアの開発と実践

望月俊男・西森年寿

アクティブラーニングには、「その場」で情報にアクセスしたり、それらを分析・整理して考えや意見をまとめる作業が伴う。様々な情報が氾濫している現状と、学習者のほとんどが「デジタルネイティブ」とも称される世代であることを考えれば、ＩＣＴの活用は当然の成り行きと言える。東京大学は、アクティブラーニング環境の強化に向けたプロジェクトの一環として、大学総合教育研究センターを中心に学習支援ソフトウェアを開発した。本章では、開発を担当した筆者が、開発の狙いやソフトウェアの機能、それらを試行的に活用した授業の例を紹介する。

1　はじめに――ICTが支援するアクティブラーニング

教授・学習場面で、情報通信技術（ICT）を活用する大きなメリットは何だろうか。このことについては、もう三〇年以上前から議論が行われてきている（佐伯、一九八六／一九九七）が、そのメリットは大きく三点に整理できよう。

第一に、自分の頭の中にある考えを外に出して（外化）、編集したりすることができるという点である。たとえば、頭の中で漠然としている考えをとりあえずノートなどに書いてみて形にする過程で、再構成したり、別の視点から新しいアイデアを思いついたりするのは、日常生活でもよく経験することだろう。コンピュータはノートなどに比べ作成した文章や図面の編集が容易であり、学習者が自らの考えを吟味したりするのに適している（三宅、一九九七）。第二に、外化したアイデアや、他から取り寄せたデータをもとに、モデル図にして考えることができるという点である。主張となるアイデアとその根拠となるデータの関係をまとめたり、アイデア間の関係をモデル図にして可視化することで、ものごとを俯瞰的に理解することを支援するだけでなく、思考のバイアスを避けて客観的に考えることができる。また、図にして表すことで、他の学習者とお互いにアイデアの意見交換を行い、考えを深めていくことができるようになる。第三に、情報通信ネットワークを介して、他の学習者や学校外の人とアイデアや情報を共有できるという点である。興味関心や疑問を共有する人たち同士で議論することで、新しい疑問を持ち、追究し、新しい知識を生み出すことが可能となる。

これらの活用は、基本的にＩＣＴのデバイスを学習者に持たせ、デバイス上で知識・記号・表象の操作を行わせることで達成される。自ら能動的に思考を外化し、インタラクションを通して吟味する活動を支援しているという意味で、ＩＣＴはまさにアクティブラーニングのためにあるといえるだろう。だが、大学の授業では、教員から学生への知識伝達のためのプレゼンテーションなどにＩＣＴを活用することが多く、学生が主体的にＩＣＴを活用して知識を操作する場面は、レポート作成などに限られていた。

今後の知識基盤社会を担う人材を大学が輩出するためには、単に授業などで伝達された知識を理解するだけでなく、それまでに学んだ知識や、学校外にある知識とを関連づけ、統合的に解釈したり、新たな知識を創造できる学習者の育成が重要な課題である（Bransford et al., 1999）。そのためには、与えられた知識を理解し学んだり、問題を解くだけでなく、学生自身が主体的に思考をまとめ、吟味し、問題を追究し、新しい問いを立てることができるような環境を大学教育の中で提供していく必要がある。

第2章などで述べられてきたように、近年、大学の授業でＩＣＴを活用することにより、学生が主体的に問題を発見・追究する学習環境を実現する動きが増え、実績をあげてきた。また、最近とくに普及が進むタブレットＰＣ・タブレット端末は、ユーザーが手書きで様々な思考・表現を行い、他の学習者と対面・オンラインで容易に共有できる点で注目され、バージニア工科大学やワシントン大学などでの活用が各所で取り上げられている(1)。

東京大学では二〇〇六年から三年間、マイクロソフト（現在の日本マイクロソフト）からの寄附を受け、様々な情報を読み解き、主体的に問題を発見・追究できる人材を育成することを目的として、タブレットPCを活用した学習支援ソフトウェアを開発するプロジェクト「マイクロソフト先進教育環境寄附研究部門」を大学総合教育研究センターに設置した。本章では、この研究部門で開発した二つの学習支援ソフトウェア「ビデオ・エクスプローラ」と「eジャーナル・プラス」を紹介する。これらのソフトウェアは、教養学部教養教育開発機構の協力を得て、駒場アクティブラーニングスタジオの授業で試行的に活用した。

2　ビデオ・エクスプローラ

ソフトウェア開発の背景

家庭内のネット環境や無線通信のブロードバンド化を背景に、今や映像はインターネットの主要なコンテンツとなっている。タブレット端末やネット動画を直接再生できるテレビなど、視聴する端末も多様化すると同時に、ネット経由で映画やテレビ、独自コンテンツなどの映像を提供するサービスも百花繚乱の様相となっている。こうした状況により、大学の授業において高品質な映像コンテンツを活用できる素地が整ってきていると言える。

アクティブラーニングとの関係で考えてみよう。東京大学教養学部におけるアクティブラーニングのモデルとして、能動的に学習者が課題を設定し、学習に取り組む課題発見・解決型学習が措定されていたが、その中でも特に「問題関心を深める」という段階で、映像の有効性が見込めると考えられる。つまり、自分が関心を持つテーマについての基本的な情報を得たり、イメージを膨らませたりするためのリソースとして、映像は効果的であるだろう。特にテレビ番組は一般視聴者向けに制作されているため、視聴に際して特別な知識を求めない。このため、問題意識を形成しようとする学生が最初にアクセスする情報として適当であると思われる。

マイクロソフト先進教育環境寄附研究部門では、日本放送協会（ＮＨＫ）の協力、また放送文化基金の助成を得て、東京大学内の授業でＮＨＫの過去の番組を利用できる機会を得た。これはＮＨＫアーカイブスのうち、番組公開ライブラリーとしてＮＨＫの放送局などの施設にて無償で視聴できるように整備されているものの一部を、学内で使用できるようにしたものである。ＮＨＫアーカイブスには、科学から社会問題に至るまで、各時代の世相を反映した映像が多数所蔵されており、学生が問題意識を涵養するのに最適であると考えられる。

しかし、学生の問題関心を深める段階をサポートするためには、学生が個別に自身の関心に基づいて、膨大な映像アーカイブの中から適切な映像に効率よくアクセスできるようなインタフェースが必要となる。そこで、ビデオ・エクスプローラと名付けた専用の映像視聴ソフトウェアを開発することとなった。

また、映像へのアクセスが容易になると、関心のおもむくままに様々な映像を見てしまい、視聴経験を断片化してしまう恐れがある。単にネット経由で映像視聴を楽しむための環境ということであれば、ユーチューブなどのインタフェースに類似したもので十分であろう。ビデオ・エクスプローラのデザインにおいては、学生が自身の問題関心を深めるために、どのような機能を持たせるかということが、設計上の課題となった。

ソフトウェアのデザインの概要

ビデオ・エクスプローラは、以下の①と②に示すような機能を持つソフトウェアである。これらの機能はタブレットPCで、タッチペンを用いて容易に操作できるように設計されている。

今回の取り組みで利用した映像は、先述の番組公開ライブラリー（当時で五〇〇〇本超）のうち、ターゲットとなった授業の内容と関連する計六五番組を選択し、今回の研究目的の範囲でネット配信が行えるように著作権処理を行ったものである。これらの番組を通常のパソコンで再生できる動画形式にエンコードした後、内容のまとまりを基準として、各番組を数分のクリップに分割した（合計一一八七個）。各クリップには、タイトル、キーワード、概要、番組名や放送日などの番組情報をメタデータとして付与した。

①検索と視聴

検索窓から、任意のキーワードを入力して、クリップを検索できるようにした。検索はネット上の専用データベースと通信して行う。検索の対象はクリップに付与されたメタデータである。図5・1の左側は検索結果のリストが表示されている状態である。このリストは番組名、概要、サムネイル画像等の情報で構成される。

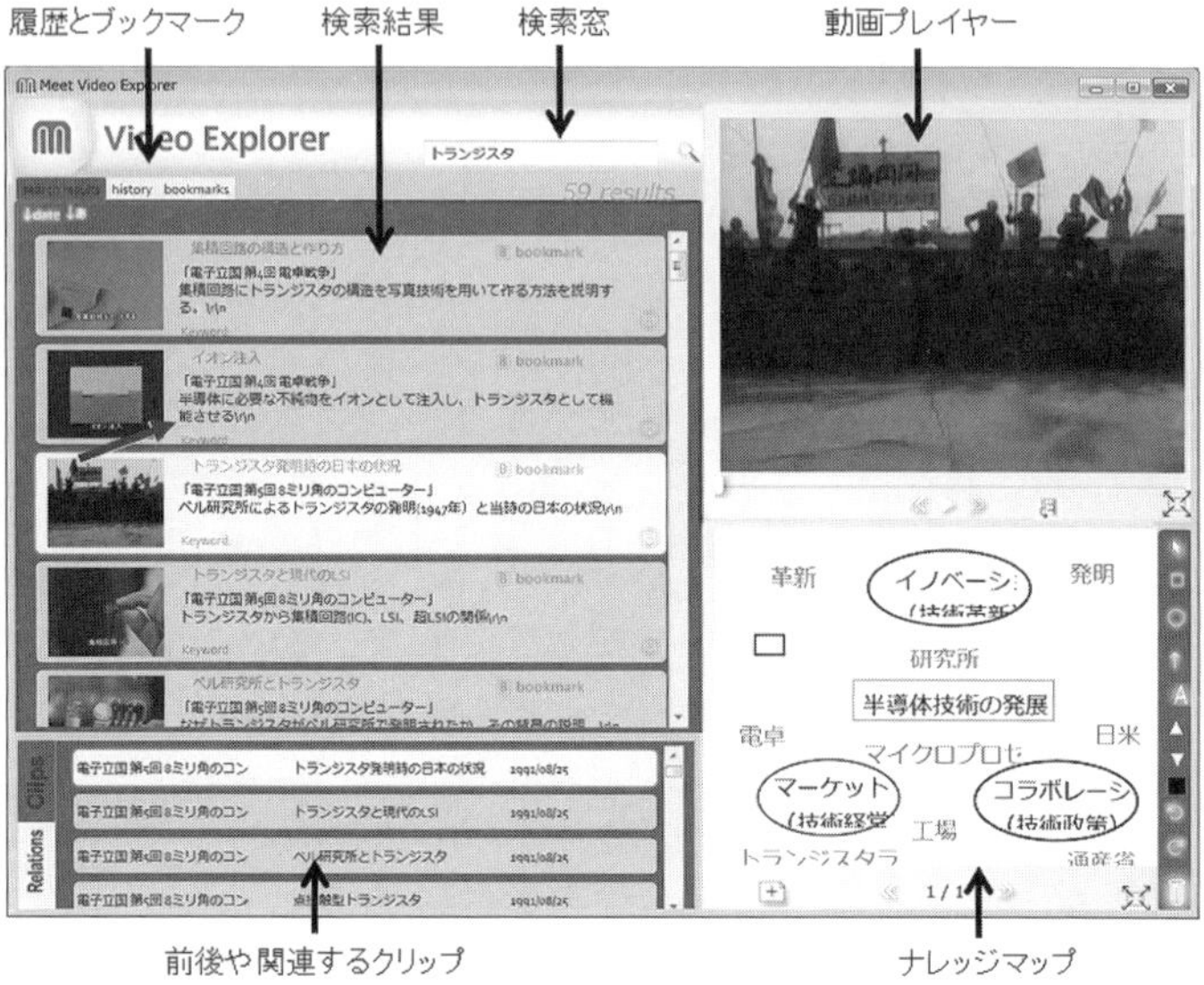

図5.1　ビデオ・エクスプローラの検索および視聴画面

ユーザーが、検索結果のリストの中から任意のクリップを選択すると、図5・1の右側の動画プレイヤー部で再生される。全画面表示も可能である。動画データはネット上の専用のストリーミング・サーバーから配信される。クリップを再生すると、画面左下に視聴しているクリップの前後のクリップや、関連するクリップも表示されるため、簡単にクリップ間を移動できる。ほかに、タブを切り替えると、これまで視聴したクリップの履歴や、ユーザーの作成したブックマークリストが利用できる。

このようなインタフェースによって、膨大な映像アーカイブから、自分の関心に関連する動画にアクセスすることを支援する。

②ナレッジマップの作成

ナレッジマップとは、アイデアとアイデアの関係性を矢印やラベルを使って示したマップであり、概念地図とも呼ばれる（Novak & Gowin, 1984）。

図5・2は、図5・1の右下のナレッジマップのエリアを拡大したものである。この領域には、動画クリップのサムネイル画像を配置できる。さらに、テキストを書き込んだり、ラインを引いたりすることで、ユーザーは視聴したクリップを記録し、あるトピックに関する自分自身のナレッジマップを作成できる。マップは何枚でも増やせる。この機能を用いて、学生が番組の内容や、複数の番組の関係を整理すること等が期待される。また、サムネイル画像をクリックしてそのクリップを再生することも可能であり、例えば、ここで作ったマップをもとに、自分が視聴した番組について簡単なプレゼンテーションを行える。

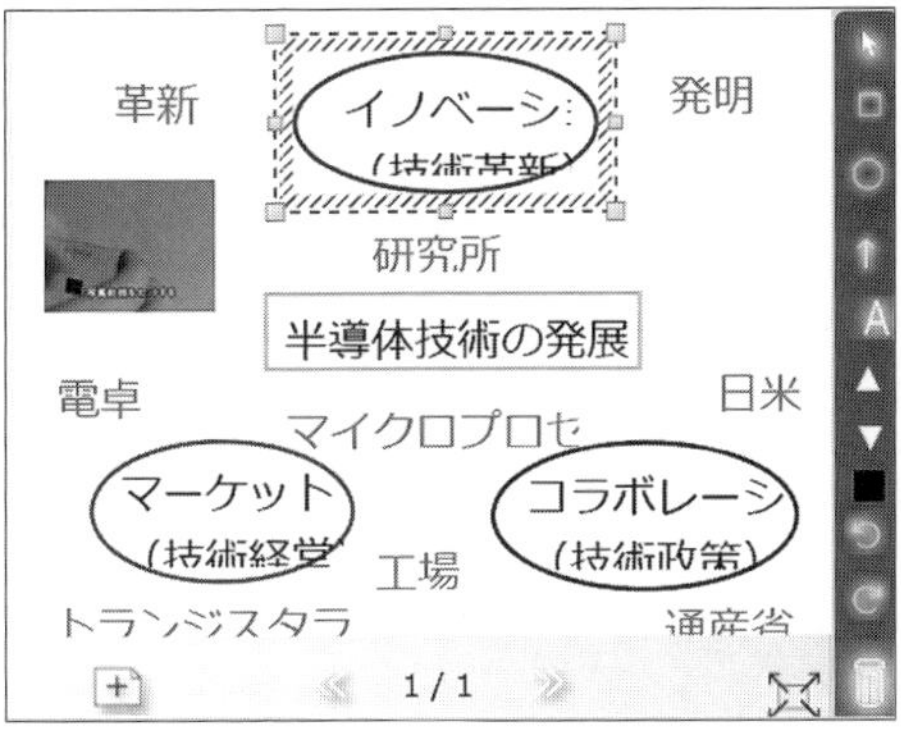

図5.2　ビデオ・エクスプローラのナレッジマップ作成画面

このようなインタフェースによって、学生が視聴した映像から着実に問題関心を組み立てていき、視聴が断片的に終わらないような支援を行う。

なお、視聴履歴やナレッジマップなどの情報は連携して動作するサーバー上に記録される。このため、学生は利用にあたって各自のIDとパスワードを入力してログインすることで、サーバー上に保管されている個人の記録を呼び出し、視聴やナレッジマップの作成を継続することができる。

3　eジャーナル・プラス

ソフトウェア開発の背景

もうひとつのタブレットPCソフトウェア「eジャーナル・プラス」は、主に大学生の読解力向上に焦点を当てて開発された。というのも、背景として、当時、ＯＥＣＤ（経済協力開発機構）が実施する生徒の学習到達度調査（ＰＩＳＡ）において、日本の若年層の読解力の低下が社会問題となっていたことがある。

ＰＩＳＡで測定される読解力は、字義通りの「読んで理解する力」ではない。「自らの目標を達成し、自らの知識と可能性を発達させ、社会に参加するために、書かれたテキストを理解し、利用し、熟考し、これに取り組む能力」と定義されている。幅広いトピックを扱う文章内容を正しく理解するとともに、そこに書かれた事実をもとに熟考し、自分の意見を表明することが求められている。こうした読解と意見表明を、欧米では「クリティカル・リーディング」と呼び、日本では「批判的読解」と訳されている。

日本の高校生を対象にしたこの調査では、とくに読解力の中でも「熟考・評価」を測定する自由記述問題に答えない、いわゆる「無答率」が、ＰＩＳＡ二〇〇六では二六・四パーセント、ＰＩＳＡ二〇〇九でも二一・〇パーセントに及び、ＯＥＣＤ平均よりも概ね九ポイント近く高い状況にある。この問題は、文章中に書かれたことをもとに、自らの知識や経験に関連づけて述べる力を判定するものである。

これからの知識基盤社会の中では、文章の適確な理解による知識理解だけでなく、それをもとにした

「知識構築」「知識創造」の力が求められる。文章内容と既有知識や他の文章内容、自分の経験とを関連づけ、統合的に解釈したり、新たな知識を創造できる学習者を育成していくことが必要である。しかし、多くの学生は、高等学校卒業までに、こうした読解の経験が乏しいまま大学へ入学してしまう現状がある。これでは、入学後に行われる、知識創造・構築型の学習を行う上で障害となるのは言うまでもない。

最近の大学の導入教育では、批判的思考や批判的読解を学ぶ授業が開発されるようになってきている。例えば市川伸一（一九九六）は学生に論文の査読者になる体験をさせることを通じて批判的読解力を高めようとする授業実践を行っている。また、道田泰司（二〇〇一）は、大学生向けに、文章中に含まれる論理的な誤りを指摘させる授業実践を行っている。沖林洋平（二〇〇四）は学生に査読の方法をガイダンスし、集団で議論をさせることによって文章の批判的読解が促進されることを示している。

だが、これらの取り組みは論理的不整合や根拠の指摘ができる力に焦点が当てられるだけで、学習者がどのように文章を理解し、自らの意見を構築するかという過程や、その学習をどう支援するべきかについては言及していなかった。

こうしたことから、マイクロソフト先進教育環境寄附研究部門では、文章をもとにした知識構築型読解力を高める学習活動を支援するソフトウェアとして、eジャーナル・プラスを開発することにした。学習者はマイクロソフト・ワードを使って作成した電子文書教材を使って読解活動を行うことができる。したがって教員もかなり容易に教材作成をすることができる。

ソフトウェアのデザインと概要

本来あるべき批判的読解のあり方は、いったいどのようなものだろうか。多くの文献がさまざまな視点を提供しているが、概して次のような活動が含まれる（例えば Paul & Elder, 2006 などを参照）。第一に、自分の読む目標を把握するとともに、著者の書いた目標を理解することである。第二に、文書の部分部分の関連性を見いだし、その意味を客観的に理解することである。第三に、自分の既有知識と関連づけながら、疑問や自分の意見を対話的に提示することである。

このようなプロセスをソフトウェアで支援することを考えた場合、とくにタッチペンで入力できるタブレットPCの特性を活用することで、文書の部分部分の関連性を見いだしながら、著者の文章に対して対話的に読解をすることができるのではないかと考えて、ソフトウェアのデザインを行った。具体的には、次のような機能を持つ（図5・3）。

①電子的な文書に対する下線引き・コメント機能

下線引きは、紙の書籍や書類などで文章を読む際に多くの人が用いる読解方略で（大村ほか、二〇〇一）、読者の多くもふだん本を読むときに実践していると思われる。実際、認知心理学の研究成果からみても、下線引きは文章理解に対して有効とされている（魚崎ほか、二〇〇三）。これに着目し、タブレットPCのようなタッチペン入力機能を用いて、ウェブページに下線引きやメモをすることを支援するシステムが開発されている（伊藤ほか、二〇〇五）。そこでeジャーナル・プラスでも、電子的な文書上にタッチペンや

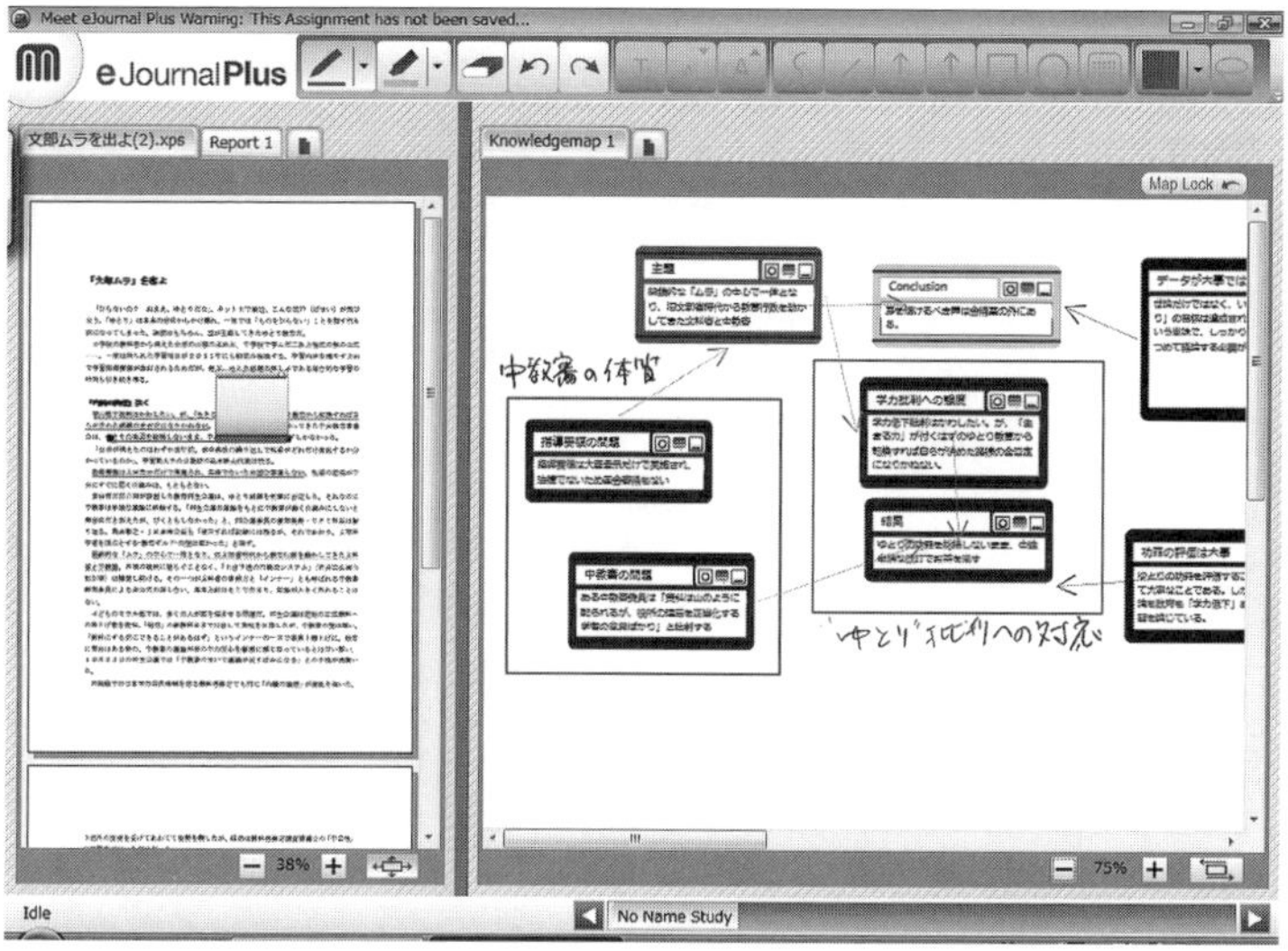

図 5.3 eジャーナル・プラスのインタフェース

画面下にあるタブが，ナレッジマップと文章・レポートをまとめるシートとなっており，複数のファイルをマージするとシートが増える構造になっている．各ノードをこのタブにドラッグ＆ドロップすることで，他のシートへのノードの複製およびリンクの作成が可能である．

マウスを用いて下線とマーカーを引くことができるように開発した。図5・4に示すように、四色の下線あるいはマーカーを引くことができるようになっている。

②下線引きを行った部分をノードとして文章の要素を構造的に整理するナレッジマップの描画機能

電子書籍の普及により、デジタルの文書は身近な存在となってきたが、アナログ（紙）の文書と比べると、読みやすさの面で劣る面もあるといわれる（Mills & Weldon, 1987）。そこで、文章理解を深める上でその内容を視覚化することが重要であるという指摘（Duke & Pearson, 2002）を踏まえ、下線を引

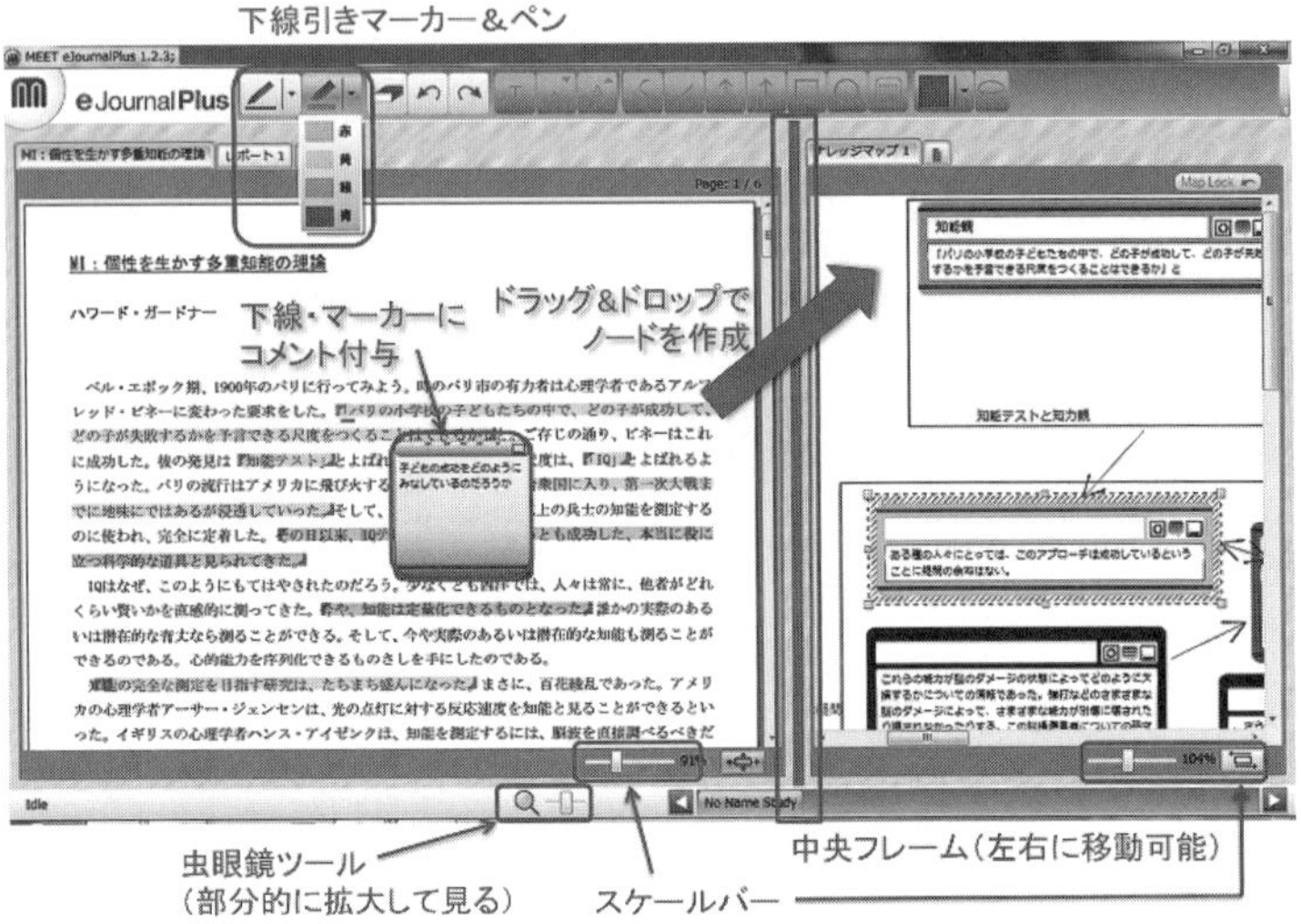

図5.4　eジャーナル・プラスの機能と動作

いた部分をもとに、理解のモデル図となるようなナレッジマップを作成できる機能を設けている。eジャーナル・プラスでは、読解する文章とナレッジマップを並置して表示しており、学習者は、文章中の下線部分をナレッジマップ側にドラッグ&ドロップすることで、直感的にナレッジマップのノード（ナレッジマップの構成要素となるアイデアの付箋）を作成できる（図5・4）。このようにして、学習者は自分なりの理解をモデル図として示し、その上で自分の意見や解釈を表現して、関連づけていく。

③ナレッジマップをもとに、要約や書評を書くレポートエディタ

文章を要約したり、それに基づいて自分の意見や疑問を提示することは、新しい知識を創造するためには重要な読解の方略である（Daiek & Anter, 2003）。ナレッジマップにまとめた要点や意見を再度文章で

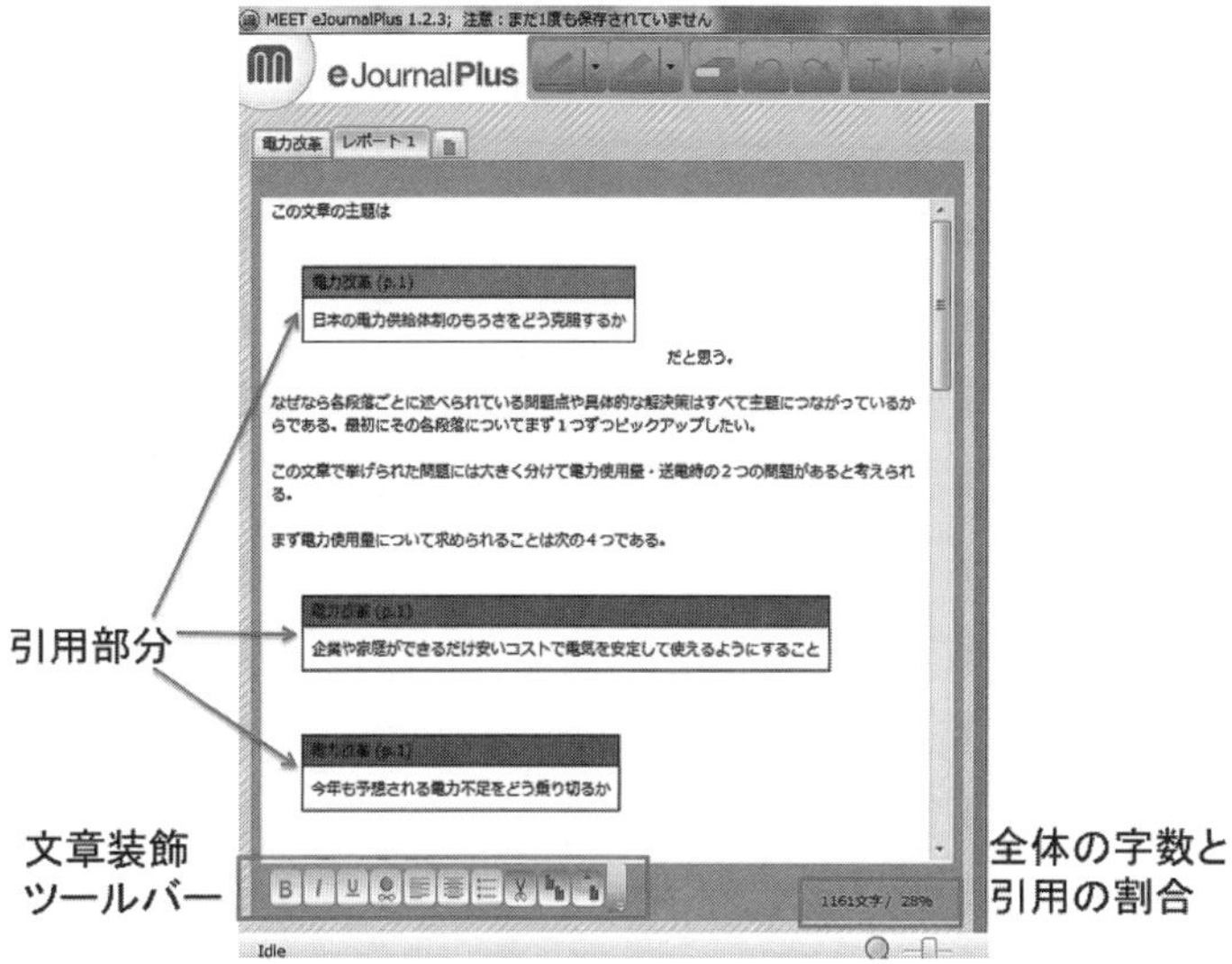

図 5.5　e ジャーナル・プラスのエディタ機能

表現したり、まとめ直すことによる内容の吟味を通して、深い文章理解を促すことが期待できる。そのための機能として、e ジャーナル・プラスにはレポートエディタを実装している。

このエディタ（図 5・5）は、ナレッジマップと並置して表示される。学習者は、右側のエリアに見えるナレッジマップを見ながら、それをもとに意見文を書くことができるようになっている。ワープロソフトのような高度な編集機能は持たないが、下線など文章の強調表現をすることができるようになっている。

また、ナレッジマップの中から一部を引用して意見文を書くことが可能となっている。右側のエリアからドラッグ＆ドロップすることにより、エディタ中に引用して意見を書くことが可能である。引用部分は引用として明示され、かつ、内容を編集することはできないようになっており、コピー

&ペーストによる安易なレポートの作成はできない。また、画面上にどの程度引用しているかを明示し、自分なりの文章作成を促すようにしている。

これら①〜③の機能がeジャーナル・プラスに基本的に実装されているが、それ以外に、個々人の作業の成果のファイルをインターネット上に設置したサーバー上に保存して、学習者同士がナレッジマップとレポートを交換して、相互にコメントすることも可能になっている。

4 ソフトウェアを活用した授業実践

全学自由ゼミナール「映像で見る『学力論』」

二〇〇七年度に東京大学教養学部で開講された全学自由ゼミナール「映像で見る『学力論』」(中原淳(大学総合教育研究センター准教授)、西森年寿、望月俊男の共同担当)では、ビデオ・エクスプローラとeジャーナル・プラスを活用する、初めての実験授業を展開した。

この授業は、時代や政治的・文化的背景によって捉えられ方が異なる「学力」について、NHKの番組の映像を利用して包括的に理解させ、その後「学力論」に関する文献講読、実地調査を通して、「学力」について考察させる内容である。自由選択科目であり、一〇名が参加した(表5・1)。

ビデオ・エクスプローラによる映像視聴に関しては、学内で利用可能であった前述の番組を学生の関心

表 5.1 「映像で見る『学力論』」の授業構成

第 1 回	オリエンテーション
第 2 回	グループ分け／ビデオ・エクスプローラによる映像視聴の仕方を学ぶ
第 3 回	ビデオ・エクスプローラによる映像視聴活動
第 4 回	ゲストトーク（PISA などの国際学力調査に関する情報提供）
第 5 回	映像をもとにした問題関心の発表会
第 6 回	e ジャーナル・プラスを使った文献の読み方を学ぶ
第 7 回	学力に関する 17 個の文献を分担して e ジャーナル・プラスで読み，論点マップを作る
第 8 回	お互いに読んできた文献の内容を発表して共有する
第 9 回	自分のグループの興味と文献の関連図を作って発表する
第 10 回	新たな文献調査を行う（図書館の活用）
第 11 回	文献調査を行い，発表をまとめる
第 12 回・第 13 回	発表会とまとめ

にあわせて自由に探索および視聴させ、ナレッジマップを作成させた。すべてのクリップのうち約四〇〇クリップが「学力」に直接的に関係するものであった。視聴にあわせて、世界のいくつかの地域における「学力」を巡る諸問題についての歴史的推移や現状について包括的に解説した。学生たちは視聴で得た知識をナレッジマップと映像を用いて、グループに分かれて発表・共有した上で、感想や意見をホワイトボードに整理した（図5・6）。

その後、学力に関する基礎的な文献を講読して、内容をeジャーナル・プラスでまとめて発表し、討議する活動を行うことを通して（図5・7）、その多様性を理論的に学習した。最終的に、映像で学習したこと、文献で学習したことをもとに調査テーマを決定し、図書館等で入手可能な様々な資料を調査した上で、研究発表を行った。

この実験授業を通して、過去の様々な映像を見ることによって問題関心を探索し、電子的な文章教材を通じた学習と吟味を行った上で、学生がさらなる文献調査に向かい、

図 5.6　ビデオ・エクスプローラで得た知識をふまえ，ホワイトボードに意見をまとめる様子

図 5.7　e ジャーナル・プラスでまとめた図をタブレット PC を活用して発表・議論する様子

表 5.2　ビデオ・エクスプローラを導入した「基礎演習」の授業の流れ

第 1 回　「ガイダンス」ビデオ・エクスプローラを利用して課題発見.
第 2 回　「図書館研修」図書館での資料の探しかた・利用のしかたについて学ぶ.
第 3 回　「課題発見」研究計画を立てる. 次週までにウェブ上に提出.
第 4 回　「課題発表」各自研究計画の発表. 教員からの講評を受け, 次週までに研究計画の改訂版の提出. また, 後日発表されるグループ内での相互コメントと, グループ内の各人の研究課題につなげて, 1 つの発表としてまとめることも求められる.
第 5~7 回　「グループ報告」毎回の授業で, パワーポイントやホワイトボードを用いて, グループ別に進捗を発表する. グループ間の意見交換は, 一般的なブログシステムにグループ別作業機能を追加したウェブ上のツールを用いて行う.
第 8~13 回　「個人発表」発表は 15 分, 質疑応答 5 分, 前日までに 1500 字程度の予稿と参考文献リスト, 資料集をウェブ上に提出. 学生は発表者に対して, ウェブ上でコメントを行う.

自分たちなりの問題の分析と考察を行い、発表するという、一連のアクティブラーニングの学習を円滑に行えることが確認できた。

「基礎演習」でのビデオ・エクスプローラの利用

ビデオ・エクスプローラはそのほかに東京大学教養学部の三つの授業で実験的に利用された。その一つが二〇〇八年度夏学期（四月~七月）の「基礎演習」である。基礎演習は文系一年生の必修科目で、自分の関心に基づいた課題の発見、調査、発表、討論、論文作成など、大学における学習・研究活動の基礎的な技法を習得することを目標としている。二〇~三〇名の少人数クラスが複数構成されて実施されるが、実際の授業内容は各クラスの担当教員によって幅がある。

今回、ビデオ・エクスプローラ導入の協力を得られた齋藤希史（東京大学大学院総合文化研究科准教授（当時））のクラスでは、二四名の履修者がおり、学生は個別の研究課題を設定し、論文を書くことが求められた。また、個人で、独立した論文を書くのではなく、グループ（教員が学生の関心をベースに四人程度で構成）の各人の内容を組み合わせて一冊の本となるような構成を考えることも、同時に課された。授業の内容は、表5・2に示す通りである。授業内においては、教員やグループおよびクラス内の学生からのコメントなどを受けつつ、予稿の完成まで進めて、最終的には夏休みの間に論文を完成させることがゴールであった。

一回目の授業にビデオ・エクスプローラの操作に関する説明がなされ、自由な視聴の時間が確保されたが、それ以降も、必要に応じて授業時間外に視聴することができるように、サポートが提供された。この授業においてビデオ・エクスプローラは、大半の学生たちにとって慣れない課題発見のための支援ツールとして位置づけられていたと言えるだろう。

5　初等中等教育への展開

eジャーナル・プラスはフリー・ソフトウェアである(2)。ワードで簡単に教材を作ることが可能なため、初等中等教育での利用が進むようになった。

このうち千葉県総合教育センターでは二〇〇九年度から二年間かけて、eジャーナル・プラスを活用した授業とその効果測定に取り組んだ。ここでは、国語科の授業での活用について、いくつかの授業実践事例を紹介したい（椿本ほか、二〇一〇）。

①　論争のある課題に対して自分の意見を考える授業（小学校五年生）

「身近な生活について考えよう」という単元において、「インスタント食品とわたしたちの生活」という教材文を活用した授業実践である。文章に書かれた筆者の主張を参考にしながら、児童が自分自身の考えを深めていくねらいで授業が行われた。文章内の情報を的確に抽出し、整理しながら、自分の主張を明確にするために、eジャーナル・プラスの下線引きとナレッジマップ機能を活用した。また、できあがったナレッジマップをもとに、教室にある大型テレビを活用して、児童がどのように文章を読み、考え、自分の意見をまとめたのかを相互に発表するという活動を行った。

こうした授業実践を行った結果、児童の読解活動が「文章を読んでから意見を考える」のではなく、「文章を理解しながら意見を考える」読解活動に変化したことなどが報告された。

②　説得力のある意見文を書く（中学校二年生）

生徒に対して、環境問題に関する異なる主張を持つ二つの文章を与え、それらの共通点と相違点をあげながら、文章の構成や筆者の主張をまとめさせる活動を行った。これにあたって、eジャーナル・プラスの下線引きとナレッジマップ機能を活用した。その後、ナレッジマップを参照しながら、生徒自身の立場や意見を考えさせて、それをもとに意見文を書かせる活動を行った。さらに、各生徒が書いた意見文を他の生徒の意見文と比較させる活動を行い、「優れているところ」「構成力の良いところ」を見つけさせることで、自らの文章との差異点を意識させ、意見文の修正に反映させるという活動を行った。

この授業実践を行った結果、生徒が文章の構成を捉える力が高まるだけでなく、ナレッジマップをもとにして意見を交換し合うことにより、自分の意見を修正・深化させる活動がみられたことが報告された。

③　事実と意見に分けながら文章を読んで考える（高校三年生）

学校の授業の中で生と死をあつかう仕方を論じた『いのちに触れる』（鳥山、一九八五）の一部を題材に、文章に書かれている意見と事実に分けさせ、事実がどのような判断により意見となっているのかを読み解く活動に、eジャーナル・プラスの下線引きとナレッジマップの機能を活用した。これを通じて、「生きる」ということについて、文章に書かれている様々な社会的な要因を考慮しながら、筆者の主張を多角的に検討させるという活動を行った。この際、ひとりで取り組むのではなく、数名で一緒になってナレッジマップを作成する活動を行った。また、文章全体の構造を分析した結果をもとに、生徒自身が意見文を書く上での参考にさせた。

こうした授業実践を通して、ひとりひとりの生徒の文章の読み取りの精度が高まる一方で、ナレッジマップをもとにした意見交換を通して、自分とは違う考えに触れながら、結論を導き出すという、豊かな学習活動を行うことができたと報告されている。

これらの授業実践を行った学校では、授業実践後に児童・生徒を対象としたアンケート調査を行っている。その結果、小・中・高等学校に共通して「eジャーナル・プラスの下線引き機能を利用したほうが、利用しない場合よりも、文章中の重要な情報（問題提示や筆者の主張など）を抜き出しやすかった」「eジャーナル・プラスの作図機能を利用したほうが、利用しない場合よりも、抜き出した情報を整理しやすかった」「総合的に、eジャーナル・プラスを利用したほうが、利用しない場合よりも、筆者の主張をふまえた意見を書きやすかった」「筆者の主張（読者に最も伝えたいポイント）を理解しようとするようになった」「筆者の主張を支える根拠を理解しようとするようになった」「筆者の主張や根拠に対して、自分の主張を述べようとするようになった」という六つの点で、肯定的な評価が見られた。生徒が書いた意見文の内容のクオリティへの影響までは分からなかったものの、eジャーナル・プラスの活用によって、筆者の主張や根拠を理解しようとする、いわば「課題文に対して主体的に関わりながら読解する態度」にポジティブに働きかけることができたといえる。この点は、大学生のそれと概ね共通する効果がみられたといえよう。

千葉県では、二〇一〇年度も、国語科だけでなく、英語や社会など幅広い教科での活用展開の試みを行っており、授業実践記録は、千葉県総合教育センターのウェブページから参照することができる。[3] ソフトウェア自体は、大学生が使うことを想定して開発しているので、小学生には若干慣れる時間が必要であったり、タイピング速度のばらつきがあるなど、ICT活用に際しては若干乗り越えるべきハードルが存在する。しかし、学校の先生方がソフトウェアの特性を理解して、多様な方法で活用している。こうした授業実践の蓄積は、大学の初年次教育などでも十分参考になるリソースであろう。

（1）IEEE Computer September 2007 に特集が組まれている。

（2） eジャーナル・プラスは、http://www.mochi-lab.net/ejournalplus/で配布している無償のパッケージをダウンロードしてインストールすることで使用可能である。

（3） 二〇〇九年度の授業については http://www.ice.or.jp/~i-report/h21ken/02/index.html に、二〇一〇年度は http://www.ice.or.jp/~i-report/h22ken/02/index.html から参照できる。

参考文献

市川伸一（一九九六）「批判的思考力の育成と評価」、若き認知心理学者の会『認知心理学者 教育評価を語る』北大路書房、六四―七五頁。

伊藤清美・柳沢昌義・赤堀侃司（二〇〇五）「Web教材へ書き込みを可能とするWebMemoシステムの開発と評価」『日本教育工学会論文誌』二九号、四九一―五〇〇頁。

魚崎祐子・伊藤秀子・野嶋栄一郎（二〇〇三）「テキストの下線ひき行為が内容把握に及ぼす影響」『日本教育工学会論文誌』二六号、三四九―三五九頁。

大村彰道（監修）、秋田喜代美・久野雅樹（編）（二〇〇一）『文章理解の心理学』北大路書房。

沖林洋平（二〇〇四）「ガイダンスとグループディスカッションが学術論文の批判的読みに及ぼす影響」『教育心理学研究』五二号、二四一―二五四頁。

国立教育政策研究所（二〇一〇）『生きるための知識と技能4――OECD生徒の学習到達度調査（PISA）二〇〇九年調査国際結果報告書』ぎょうせい。

佐伯 胖（一九八六）『コンピュータと教育』岩波新書。

佐伯 胖（一九九七）『新・コンピュータと教育』岩波新書。

椿本弥生・青木雅之・神谷知子・屋代健治・福地敬之・久保昌也・望月俊男・山内祐平（二〇一〇）「言語力の育成を支援するソフトウェアeジャーナル・プラスを用いた国語科授業の実践」『日本教育工学会研究報告集』二〇一〇年五号、八九―九六頁。

鳥山敏子（一九八五）『いのちに触れる　生と性と死の授業』太郎次郎社。

道田泰司（二〇〇一）「日常的題材に対する大学生の批判的思考――態度と能力の学年差と専攻差」『教育心理学研究』四九号、四一―四九頁。

三宅なほみ（一九九七）『インターネットの子どもたち』岩波書店。

Bransford, J. D., Brown, A. L. & Cocking, R. R. (1999). *How people learn: Brain, mind, experience, and school*. National Academy Press.（森敏昭・秋田喜代美・21世紀の認知心理学を創る会（訳）（二〇〇二）『授業を変える――認知心理学のさらなる挑戦　米国学術研究推進会議』北大路書房。）

Daiek, D. B. & Anter, N. M. (2003). *Critical reading for college and beyond*. McGraw-Hill.

Duke, N. K. & Pearson, P. D. (2002) Effective practices for developing reading comprehension. In Farstrup, A. E. & Samuels, S. J. (Eds.) *What research has to say about reading instruction*. International Reading Association, pp. 205-242.

Mcfall, R. (2004) Evaluation of a prototype of an electronic textbook application. *Proceedings of ED-MEDIA 2004*, pp. 1530-1535.

Mills, C. B. & Weldon, L. J. (1987). Reading text from computer screens. *ACM Computing Surveys*, Vol. 19, No. 4, pp. 329-358.

Novak, J. D. & Gowin, B. (1984). *Learning how to learn*. Cambridge University Press.（福岡敏行・弓野憲一（監訳）

（一九九二）『子どもが学ぶ新しい学習法――概念地図法によるメタ学習』東洋館出版社。）
Paul, R. & Elder, L. (2006). *The thinker's guide to how to read a paragraph: The art of close reading.* Foundation for Critical Thinking.

謝辞　これらの開発と授業実践を行うにあたり、日本マイクロソフト株式会社からソフトウェアの寄附および研究推進にあたっての助言をいただいた。また、レノボ・ジャパン株式会社より、タブレットＰＣの寄附、日本放送協会より映像データ借用のご協力をいただいた。開発にあたっては、シリコンスタジオ株式会社、株式会社スパイスワークスの技術協力を得た。

第6章　新しい学びの場のデザイン

加藤道夫・筑紫一夫

古く伝統ある大学のキャンパスは、その歴史を色濃く反映し、象徴的な建物群が佇む場所である。一方で、「新しい酒は新しい皮袋に盛れ（Neither do people pour new wine into old wineskins）」という言葉にもあるように、教育の新たな試みには新たな空間の創出が求められる。東京大学が進めた「理想の教育棟」プロジェクトでは、「滞在型の学習空間」というコンセプトに基づいて、アクティブラーニングに適した一連の教育施設が整備された。本章では、建築設計を専門とする筆者が、大学キャンパス計画の視点から、新たな教育空間コンセプトとその実現について解説する。

1　環境の意味の再発見

「理想」のデザイン行為へ

「理想の教育棟」プロジェクトにおいて、21KOMCEE（21 Komaba Center for Educational Excellence の頭文字をとって命名された）で展開されるアクティブラーニングにふさわしい新しい学びの場のデザインが、われわれに与えられた課題であった。振り返るなら、そのデザインそのものが、アクティブラーニングの実践であったと言える。

ところで、建築デザイン行為とは、未来において実現する現実（réel）である実施案へと収斂するプロセスと捉えられるのが普通である。けれども、実現される建物なるものが未だ存在せず、この意味で不確定である以上、むしろ、現実（réel）とは別の可能性の追求という側面もある。この意味において建築デザインとは、現勢的（actuel）ではなく潜在的（virtuel）なものと言える。つまり、現実との距離、言い換えるなら差異によって特徴づけられる別の現実を志向する。それは、未来における現実への接近であると同時に、現在における現実の否定を含意する。この宿命的な事実の前で、デザイナーにできることは、なんだろう。このようなことを書いたのは、二つの理由がある。

第一に、この建築が「アクティブラーニング」の実現の場であることに由来する。それは、通常の建築、例えば我が家を考えるような経験の蓄積が乏しい。東京大学教養学部駒場キャンパスにも、一七号館に試行的スペースＫＡＬＳ（Komaba Active Learning Studio）が存在するけれども、現実感覚の共有が困難である。したがって、共有された現実の延長上だけでは考えづらい。そのため、現実とは一定の距離をおいて、差異化された現実を考えざるを得ない。

第二に、当初このプロジェクトの呼称であった「理想の教育棟」という言葉が、建築デザインという行為同様に、自らの内に「現実の否定」を含意するからである。満足された「現実」からは「理想」が生じる必要がない。この意味で、「理想の教育棟」の実現は、建築デザインという行為一般への解を志向せざるを得ない。言い換えるなら、「理想」という修飾語は「教育」もしくは、「教育棟」という建築対象だけでなく、「デザイン行為」をも限定する。それが、デザイナーに課せられた覚悟のようなものをもたらしたのは事実である。

以上のような「現実」との距離、あるいは差異によって特徴づけられる「現実」の否定のために、このプロジェクトに関わった様々な人々との言語による理解の共有がいっそう求められることとなった。ところで、この建物のデザイン、言い換えるなら「理想の教育棟」プロジェクトの実現過程には、多くの人々が関わっている。それは、教育、あるいは教育棟の理念に始まり、環境負荷対策や、建物周辺環境との調和、「教室」、「実験室」といった固有の機能を持った「空間」の在り方まで多岐にわたっている。

そこでは、いわゆる「形」や素材の「質感」のような一般にデザイナーが最もこだわる感性的属性、すなわち「語りえぬ」ものが、「語りえるもの」へと翻訳される必要、つまり、「語ること」を通じた合意形成のために、一般人が理解可能な現実へと接続される必要があった。

ひとこと付け加えるなら、この翻訳に大きな役割を果たしたのは、いわゆる話し言葉としての言語だけでなく、「図」と呼ばれる表象（代理）であったことに注意したい。デザイナーとしての建築家の職能は、「語りえぬ」内容を理解し、それを有形の「語りえる」現実へと媒介する手段となる「図」を生み出す力にあるのかもしれない。

周辺環境の潜在価値の発見と現勢化

われわれが目指したのは、独りよがりのアイデンティティではない。周囲の環境との関係づけの中で、にじみ出るような学びの場にふさわしい知的な相貌の創造である。アクティヴなデザインとはそのような間主観的な妥当性を目指すものであった。したがって、徹底的な周囲環境の読み込みに基づいて適切な対応が行われている（図6・1）。

計画について説明する前に、この建物がある駒場キャンパスについて簡単に説明しておこう。ここには、東京大学大学院総合文化研究科・教養学部と大学院数理科学研究科がある。以前は、駒場農学校に由来する東京帝国大学農学部があった。その後、本郷キャンパスの関東大震災復興計画の過程で、隣接する現弥生キャンパスにあった旧制第一高等学校と農学部が場所を交換する。農学部の強い要望であったようだ。

新キャンパスのデザインは本郷キャンパスの復興も手掛け、後に東大総長にもなった内田祥三の指導の下に行われた。現キャンパスの基本構造、すなわち、正門とその正面にある時計台のある一号館、その東

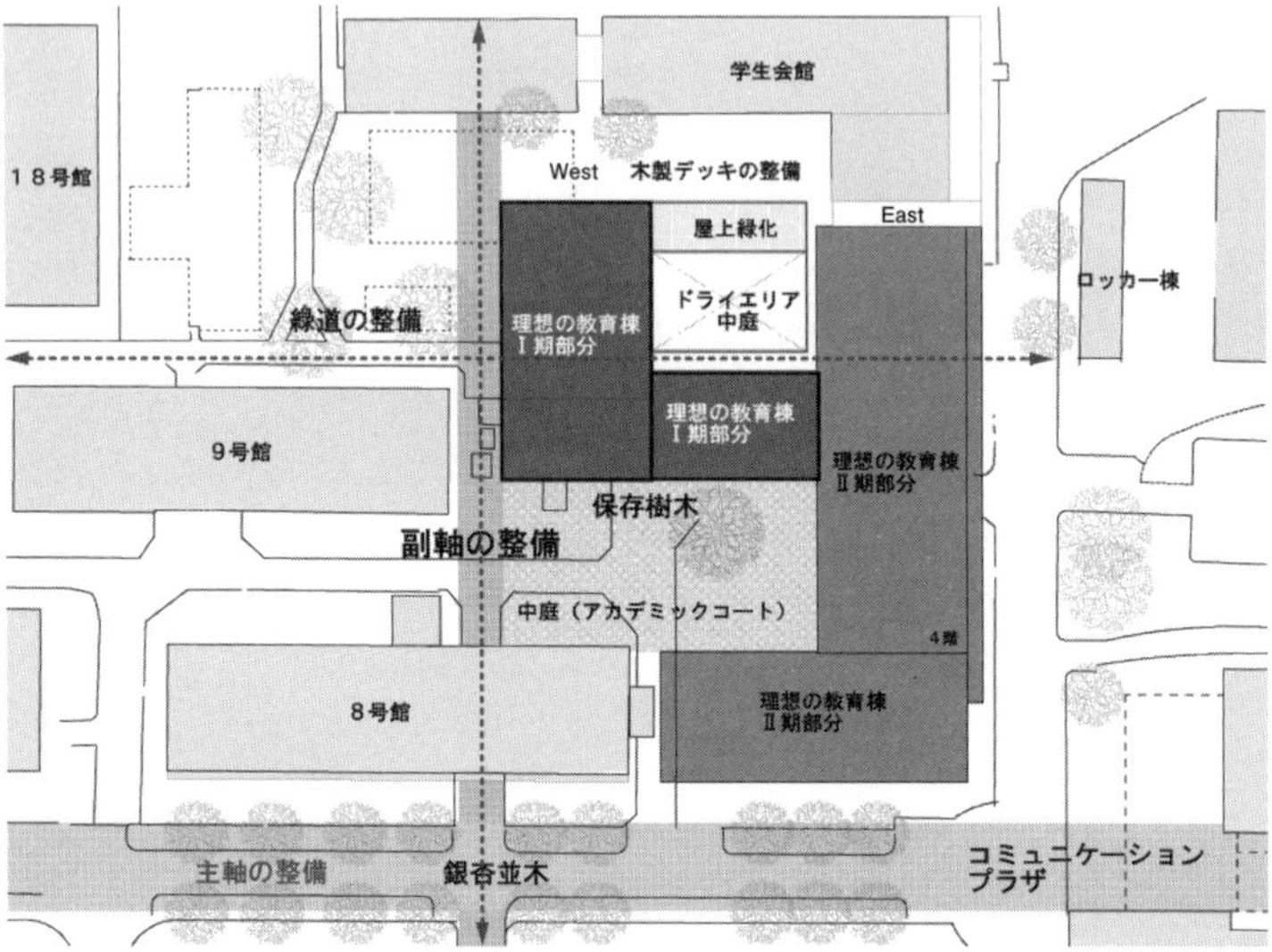

図6.1　21 KOMCEE の配置概念図

にある旧図書館（現駒場博物館）と現一〇一号館は、移転に合わせて農学部が準備したものである。ちなみに旧図書館に対面する旧倫理講堂（現九〇〇番講堂）の完成は、移転の二年後である。

現在の銀杏が植えられたキャンパス中央を東西に横断する道は、農学校時代からあったものだが、現在のような銀杏のある景観は、本郷にある弥生キャンパスへの憧憬が込められて生み出されたようだ。移転直後は弥生道と呼ばれていた。このように現キャンパスの基本構造は、この時期に形成された。そして第二次世界大戦後、第一高等学校は、新制東京大学に組み込まれ、現在の教養学部となった。

21KOMCEE West（I期棟）が位置する敷地は、銀杏並木の北側、東端に近い位置にワンブロック北に後退した位置にある。East（II期棟）を介して、銀杏並木に面することになる。①

南西に隣接して八号館、西には九号館と呼ばれる一九六〇年代後半から七〇年代前半にかけての高度経済成長期に建てられた建物がある。21ＫＯＭＣＥＥの東にある南北の道を挟んだ筋向いの広大な一角は、旧駒場寮（第一高等学校寄宿舎）のあった場所である。現在は駒場コミュニケーションプラザと呼ばれる福利厚生と教育施設のコンプレックスとなっている。

今回の計画にあたって、まず配慮したのは、キャンパスの基本構造である、一号館脇を南北に横断する副軸と建設用地を横断する一八号館から延びる東西の道（緑道）である。

実は、この副軸や緑道という考えは、第一高等学校に遡る旧来のキャンパス構造の保全・継承ではない。むしろ、旧来のキャンパス構造の特性を拡張し、構造の欠如を補完するものであり、現実との差異によって特徴づけられる。

振り返るなら、旧駒場寮（第一高等学校寄宿舎）のあった時代の駒場キャンパスでは、銀杏並木は寮の西端で途切れていた。また、時計台のある一号館の両端にある南北方向の道も銀杏並木を境にして、その北側がそれぞれ七号館と八号館で途切れていた。キャンパスを横断する銀杏並木の延長（主軸）と新たな南北軸（副軸）の付加という新たな基本構造の提案が、当時の香山壽夫建築学科教授のアドヴァイスによってなされ、一九九三年の「駒場地区キャンパス再開発・利用計画要綱」策定の際に、キャンパスが目指す新たな基本構造として盛り込まれた。その際、銀杏並木に並行する道が、これらの主軸・副軸を補完する緑道として位置づけられた。

その考えは、一八号館建設においても、八号館改修においても尊重され、建物を貫通するピロティの導入という形で実現されている。今回の計画においても、副軸が確保され、緑道が建物を貫通する。

このように、緑道や副軸の起源へと遡るなら、それらが、過去の現実との差異化の産物であることがわかるだろう。その延長で考えられたのが、隣接する八号館、九号館の間を通る東西の道の連続である。実は、この道は、もともと銀杏並木に隣接並行する歩行者も多い重要な動線だった。しかし、旧生協の建物として利用された一〇五号館が東端を閉ざしていた。生協が駒場コミュニケーションプラザに移転し、一〇五号館取り壊しが決まったことで、今回の計画では、道の延長が可能となった。

次に、Ｗｅｓｔ（Ⅰ期棟）南に位置するクスの木について述べておこう。クスの木の保存は、デザインの可能性を大きく限定する。最終的に小宮山宏総長（当時）の強い希望で保存が決まった。ここでも現実との差異化が生じている。そもそも、保存されたクスの木は、さほど尊重されているとは言えなかった。元の生協があった一〇五号館の搬入口に隣接しており、荷物の搬入の障害になるため、何度か大枝が剪定されてきた。大きな樹木のため、緑地保全の観点から、辛うじて伐採の危機を逃れてきたにすぎない。

今回の計画では、クスの木からガラスホールを介して中庭、レクチャーホールへと南北に連続する空間軸が基本構造となっている。つまり、クスの木が、本建物の重要な構成要素として新たに意味づけられた。一〇五号館が取り壊され、Ｅａｓｔ（Ⅱ期棟）が実現した現在、クスの木は銀杏並木から直接見え、背後のガラスホールを介して、新たな南北の空間軸が生み出されていることがよくわかるだろう（図６・２）。

この点でクスの木の保存は、継承というより、現実の差異化である。つまり、ここでの保存とは、受動的に現実を受け入れることではない。むしろ、保存をきっかけにした、現実を周辺も含めて差異化するアク

図 6.2　銀杏並木から 21 KOMCEE を臨む

ティヴなデザイン行為なのである。

　このような樹木の保存を通じたアクティヴ・デザインは、今回が初めてではない。直近では、本建物の東に位置する駒場コミュニケーションプラザでも行われた。ちなみに、同施設は、旧駒場寮取り壊し後の跡地計画であり、二〇〇六年秋に全体運用が開始された後の二〇〇八年に、建築業協会賞（ＢＣＳ賞）と東京建築士協会の最優秀建築賞、また中庭を中心とする外構計画は、日本造園学会奨励賞を受賞している。

　この計画では、旧駒場寮の北寮と中寮の間にあった三本の高木が保存された。当時は、雑草が茂り、うっそうとした中庭の樹木に関心を向ける人はほとんどいなかったろう。調べてみると、これらの樹木は、三〇メートル級の高木であることがわかった。跡地計画では、三本の樹木が中庭のシンボル的存在となるように計画されている。付け加えるなら、これらの樹木は、二〇一〇年東京大学キャンパス計画要綱の改訂の際に、保存すべきシンボル樹木に指定されることとなった。

以上のように21KOMCEE計画における周辺環境への対応は、配慮とか保全という言葉で語られるような受動的なものではない。むしろ、既存の現実を注意深く観察し、潜在的な価値を発見し、それを現勢化するアクティヴな現実の差異化と言えるだろう。

あえて言えば、このような現実の変化は、ほとんどの人々は完成するまで分からない。計画段階で説明される「語られるもの」は、「周辺環境への配慮」であり「自然環境の保全」なのだが、「語りえぬもの」とは、将来において現勢化されることとなる、周辺環境の潜在性に他ならない。こうしたデザインの在り方も、教育をするわれわれにとっても、またアクティブラーニングのひとつの実践と言えるだろう。

建物の表情を決める素材と色

建物の質を定める重要な要素に素材と色彩がある。実際、時計台のある一号館およびその周辺の旧制第一高等学校に遡る建物群の外壁にはスクラッチタイルと呼ばれる仕上げがなされている。それが内田ゴシックと呼ばれる古典的形態と合わせて威厳のあるアカデミックな相貌を生み出している。残念ながら、第二次世界大戦後の新制大学では、質より量が優先され、コンクリート打ち放しと呼ばれる構造体剝き出しの建物が数多く建設された。そのいくつかは改築されたが、現在も銀杏並木の北側にこれらの建物がいくつか残っている。高度経済成長期に建てられたものが多く、工事を急いだせいかコンクリートの質も高くない。表面の亀裂やシミが目立つようになり、現在は吹付タイルでコーティングされているものの、お世辞にも大学にふさわしい相貌を呈しているとは言えない。

新築の建物で仕上げが考えられるようになったのは、一九八一年完成の現一一号館からだろうか？　時計台のある一号館の西に隣接する建物で、老朽化した旧二号館建て替え計画の端緒であった。残念ながら、当時は予算が乏しくタイル張りなどの仕上げはできなかった。さすがに品質の低いコンクリート打ち放しを避けて、吹付タイルが可能となった。色の選定だけが選択肢として残された。もちろん、時計台の建物に合わせて茶にすることも検討されたが、以降の新しい建物は、白を基調とした外装とすることとなったと聞いている。その判断は、結果として正しかったろう。スクラッチタイルと吹付タイルではテクスチャーが違いすぎる。貧相さが目立つだけである。古い建物への敬意という観点からも安っぽい迎合は失礼だろう。以降、白が駒場キャンパスの暗黙の色彩コードとなった。その後、国の予算で建設される建物にも若干予算に余裕ができ、一二号館以降の建物には、白の艶消しタイルが貼られるようになった。

最近は、コンクリート打ち放しへの回帰も見られる。良質のコンクリートは石材とは異なるものの、素材としても優れた質感を有しているからである。何より、地震による外装材の落下というリスクがない。また、近年普及した樹脂系のコーティングのおかげで経年による黒ずみの問題も解消された。その最初の成功例が旧駒場寮跡地に建設された新図書館であった。その後、一八号館、駒場コミュニケーションプラザと近年の新築建物にはコンクリート仕上げが再び復活する。このように白に加えてコンクリート仕上げが新たな表層コードして組み込まれ、白とコンクリートの共存が駒場キャンパスの表情となっている。

　今回の計画においても建物の仕上げは隣接する駒場コミュニケーションプラザとの連続性を意識して、コンクリートの表面に樹脂塗装という素材を活かしたものとした。

　付け加えるなら、この間、いくつかのコンクリート建物の吹付タイルの塗り替えが行われた。その際、問題となったのは、どのような白とするかである。白はしだいに汚れ、色が黄ばみ始める。何度か塗り替える際に汚れた白を基準に塗り替えを繰り返した結果、白がいつしかベージュ色になっていた。そこで、われわれは当初の白への回帰を試みている。二〇世紀を代表する建築家ル・コルビュジエに倣った「白いゴシック」への回帰という思いも込められている。彼は、ゴシック建築創建時の精神が黒く薄汚れてしまったことを嘆き、現代にふさわしい白の精神の復活を新時代のスカイスクレーパー建設という形で主張した。われわれが目指したのもこのような精神の継承であり、決して過去の歴史的建物の安易な迎合や模倣ではないことを付け加えておきたい。

2　「理想の教育棟」プロジェクトの概要と経緯

　建物について詳しく述べる前にこのプロジェクトの概要と経緯について整理しておきたい。「理想の教育棟」プロジェクトとは「自主的な学び」という共通のキーワードで結ばれた、①アクティブラーニングスタジオ、②先端科学オープンスタジアム、③教室リデザインプログラム、④環境型サイエンスラボラトリーという四つの取り組みの総称であり、二〇一一年に竣工した21ＫＯＭＣＥＥ Ｗｅｓｔ（Ｉ期棟）は、そのうちの①②の機能を兼ね備えた施設である。

プロジェクトの始まりは二〇〇五年だったが、最終案に至るまでに七つの計画案が作成された。学内の検討には約四年間が費やされたが、議論のたびに規模・高さ・配置に関する基本的な条件が変更され、その都度、駒場キャンパス計画室（室長：加藤道夫）では加藤室長を中心にＣＧや模型による検証が行われた（ＣＧ・模型作製は東大ＯＢである都築弘光氏・小島真知氏、および加藤研究室の大学院生が協力してくれた）。

従来型の講義棟とは

21ＫＯＭＣＥＥは学内では講義棟として認識されているが、いわゆる従来型の講義を行うためだけに計画された学校建築ではない。一般的に学校建築では教室のほかに廊下、階段、エントランス、便所など、建築を構成する様々な空間の単位が存在するが、これまでは当然のように「教室」の計画が何よりも優先されてきた。

このことは、一見、普通のことのように思えるが、大事なポイントのひとつである。それは、「便所は汚く」「廊下は薄暗い」という大学（特に国立大学）の校舎に対して多くの人々が持つ負のイメージから逆に類推できるように、通常の計画では教室計画が優先され、設計にもかなり大きな比重が置かれていた。「教室第一主義」と呼べそうな暗黙の前提があったことは、ここで改めて確認しておきたい。

また、それぞれの空間単位に求められる役割が固定化されていた。例えば、教室とは一方向の知識伝達のための授業・講義に特化した空間であり、特殊な建築事例を除き、廊下や階段は移動のために最も効率よく、かつ最小限であることがよいとされてきた。言い換えると、空間と機能が一対一対応しているという前提で設計されてきた。これが二つ目のポイントである。

さらに三つ目のポイントとして、設計においては学校・大学が「教える」ための建築であることが求められていたという点である。もちろん「学ぶ」側の使いやすさからの検証も少なからず行われたのではあるが、「学びやすい」空間よりも、むしろ「教えやすい」空間を優先していたと考えられる。かつてマスプロ教育と批判された大教室授業プログラムがあったように、必ずしも学ぶ側にとって最善の学習空間が提供されてこなかった経験は、多くの人々が感じるところであると思われる。

教室優先の視点を変えてみる

約一〇年間にわたりキャンパス計画に携わってきたが、東大駒場で大きく変わったエリアは教室ではなく廊下である。改修後も中廊下が真っ暗だった三号館から始まり、ガラス間仕切りにより採光可能となった五号館改修を経て、21KOMCEEではガラス間仕切りの採用と同時に、廊下にアルコーブ状のラウンジを設けた。授業の前後、このラウンジに取り付けられたホワイトボードを使って教員と学生が議論している姿を多く見かけるようになった。念のために教室の廊下側のガラスにはロールスクリーンを設けたもののの、ジェットブラックスクリーンの採用をはじめAV機器の性能向上によりロールスクリーンを下ろさずに授業を行っていると報告を受けている。また、ラウンジに面してガラス張りのスタッフルームを設け、誰もが入りやすく、相談しやすいように工夫することにより、様々な学習を支援できる体制が整えられている。

教室だけで「学び」は完結しない。21KOMCEEでは、あらゆる教育の機会を建築がサポートすることを目指して、これらの空間は設置された。かつては教室の間仕切りをガラスにするだけでも学内の反対者が多かった。ところが、壁が可視化されることにより、教員にとってはファカルティ・ディベロップメントの効果が向上し、廊下が移動だけの空間から「見る」空間へと変化したのである。

もちろん、学校建築の中で教室の計画は重要である。しかしながら、固定的な教室最優先の考えから、自由で柔軟な発想へと変化させたことにより、21KOMCEEでは新しい教育環境を実現することができたのである。

空間と機能の対応を固定化しない

教室は授業を行うところである、という考え方はこれまで疑われることがなかった。例えば大学内では教室が講義室と呼ばれるように、かつて教室は講義のため(だけ)に使われるべき場所であった。

また、国立大学では、教室内では管理のしやすさという理由で椅子や机は床に固定されることが多かった。逆に、なぜ固定できたのかを推測するとわかるのだが、教室ではある一定の講義形式でしか使われてこなかったからである。多様な授業内容にもかかわらず、その教え方は概ね共通の形式であったために、机や椅子の位置（＝学生の位置）が固定化されても教員側にも学生側にもそれほど不便を感じる要因がなかったと考えられる。

最近では、大学の教務課を中心に固定席から可動席への変化の方向に向かっているが、さらに積極的に「教室で家具を移動させる」というアクティブラーニング特有の発想が、21ＫＯＭＣＥの計画に与えた影響は大きい。

例えば、最近では新しい学習環境に慣れた学生たちが、休み時間や授業のない時間帯でもスタジオを利用して学びあう姿や教えあう姿を見かけることが多い。特に学内の誰もが自由に利用できる地下一階オープンスペースアリーナではすべての机を一人用サイズとし、学生のニーズに合わせてレイアウトを自由にカスタマイズ可能な運用にしたところ、驚くほど顕著な変化があり、自習利用の他にも、議論や打ち合わせといった多様な光景が見られるようになった。

空間と機能との固定化された関係性から解放された結果、その場所は学生が自ら学びの場を創造する環境となったのである。

また、教室という建築のハードは全く同じ空間（スタジオ）でありながら、例えば東大と博報堂との共同プロジェクト「ブランドデザインスタジオ」といった、講義形式以外の利用や新しい取り組みも可能にした。驚かれるかもしれないが、あるひとつのスタジオでは「能楽」の授業と「身体運動」の授業が異なる曜日に行われるのである。

さらに、スタジオ（＝教室）に付属した倉庫の充実を図ったことも大きな変化である。各スタジオに一箇所以上、すべての机・椅子を収納できる容量を確保し、スタジオ内からもスタジオ外（＝廊下側）からも出し入れできるように計画した。倉庫の配置によって、利用者は用途に応じて空間を多様に使えることになった。全く家具のない教室利用も21ＫＯＭＣＥＥならではの使われ方である。

3　「教える」ための建築から「学ぶ」ための建築へ

21ＫＯＭＣＥＥは「教える」ための建築というよりも、「学ぶ」ための建築である。

従来の教室では、前面に黒板があり、机は一列で一方向、南側に向いた窓から採光するため「手暗がり」にならないように教室の向きが決められた。また、教えるための教室では、情報や知識を発信する教員は基本的にひとりであったために、四面ある壁の一面だけが充実していればよかった。ところが、21ＫＯＭＣＥＥ Ｗｅｓｔ（Ⅰ期棟）では、机や椅子のレイアウトが固定化されないので教室の向きも必然的に固定化させる必要がない。むしろ教室の方向性をなくすことが求められるのである。そのため、建築的には平面形がなるべく正方形に近くなるように、意図的にプランが整理されていることもアクティブラーニングのデザインならではの特徴である。

また、アクティブラーニングでは情報・知識が多方向に交差する。そのため発表・展示に必要な壁（スクリーンでもよい）がなるべく可能な限り多く設置されることが望ましい。このように、21ＫＯＭＣＥＥ計画では教室内の壁の役割について多くの見直しが求められた。現実的には敷地・コストの制約条件から不採用になったものの、学内の議論では教室は六面でもいいのではないかといった案も話題になった。

最後に誤解のないように付け加えると、21ＫＯＭＣＥＥは確かに「学ぶ」視点から計画されているものの、「教え」にくい施設ではない。アクティブラーニングスタジオが「教える」ための建築機能を兼ね備えていないということはなく、従来通りの講義にも利用でき、その要求を満たした上で、さらに新しい「学び」のための機能が付加されている。

アクティブラーニングのデザイン

アクティブラーニングのデザインにおいて建築に求められるのはフレキシブルな空間である。それでは、空間をフレキシブルにするということはどういうことなのか？

先に述べたように、アクティブラーニングでは家具配置を変えることにより数多くの使われ方が存在する。その場合、建築空間の形状や大きさは最大公約数的に決めるしかないのであるが、21ＫＯＭＣＥＥでは通常の教室に比べて収容人数を約半分にすることで、空間の自由度を確保している。

一方で、建築の空間自体をフレキシブルにしておくことには限界がある。確かに、教室に付属する家具備品は交換可能＋移動可能という意味でフレキシブルである。また、情報通信手段については無線ＬＡＮ等の機器の発達により、かなりの自由度が確保されたものの、床の電源アウトレットに関しては、どうしても位置を固定する必要があった。アウトレットを固定化することで、電源が必要な機器の位置が決まり、フレキシブルな空間利用を制限する結果になってしまった。このようにアクティブラーニングの空間開発は未だ途上であり、さらに研究の余地が残されている。

21KOMCEEのデザイン

21KOMCEEでは、近年流行の「変わった形」をつくるという意味でのデザインは行われていない。第一義的には、新たな取り組みであるアクティブラーニングという「学び」に対して使いやすいようにデザインされた。この従来とは異なる新しい使われ方に対応して、建築もこれまでとは全く違うカタチ（＝造形）をとらなくてはならないという考え方は採用されていない。それではいわゆる意匠的な配慮がなされなかったのかというとそうではなく、むしろ、デザイン的に様々な工夫が可能であることが示されている。

そのひとつが、アーティストやデザイナーとの協働である。まず実施設計の当初から、ライティングデザイナーの石井リーサ明理氏に計画への参加をお願いし、建築にふさわしい照明のあり方をご指示いただいた。実は、この照明デザイン計画は大学施設では極めて異例の試みであった。なぜなら、これまでは授業が終わる夕方以降に学生が大学に留まることを想定していなかったために、日没後に滞在しやすい空間や環境を用意する必要性がなかったのである。21KOMCEEでは、この考え方を改め、授業以外にも学生や教職員が集い、語らう多くの機会をつくりだすために「利用するだけの施設から滞在したい施設へ」という目標を掲げて計画された。石井氏はそれを十分に理解され、見事に光のオブジェとして表現していただいた。

図 6.3　屋外の中庭で自習する学生

次に、サイン計画を HAKUHODO DESIGN の永井一史氏にお願いした。施設ロゴデザインでは、「理想」を象徴する円がイメージされ、それらを二つ組み合わせることで造形化されている。

建物完成後に協力をお願いしたのだが、そのデザインは建築のコンセプトを表現すると同時に、石井氏のデザインや建築本体と非常によく呼応している。デザイナー個人の願望を造形するのではなく、対象物である建築や照明からその本質をうまく引き出し、形に変えていく上質なデザインが、この21KOMCEEには備わっている。

建築内部の色彩デザインについては駒場キャンパス計画室から多くの指示を行った。かつて大学では、素材の選択を含めて、時には設計者の個別の判断により独特なカラーコーディネートが行われることがあった。数多くの施設が混在するキャンパス内の建築物には、主役もいれば脇役もいる。

図 6.4　国立大学では珍しい講義棟に併設するカフェテリアで自習する学生

建築物が自分の役割にそぐわない自己主張を行い、結果的にキャンパス全体のバランスが乱れるということがないように調整を行った。

また家具の選択にも気を配った。地下のカフェテリアにはル・コルビュジエのガラステーブルやマリオ・ベリーニの椅子を、ラウンジには北欧製のベンチを置き、学生たちが日常的にこれらを使うことで上質なデザインを自然に体験できる環境を整えた。これら建築・照明・サイン・家具といった異なる分野のデザインの統一感あるいは一体感がこの施設全体の品質を支えている。

大学施設のデザイン

かつてのように、建築家から建築の正解が示された時代は平和だったのかもしれない。建物の利用者は、要望を設計者に伝え、その正解を待つということで話が終われば問題ないのだが、価値観が多様化する現代ではそれ（正解）が一意に決まることは稀である。

大学の建築計画では多様な意見を調整・修正し、最終の一案に絞り込むという作業が求められる。建築の部分だけを取り出して批判することは簡単なことだが、全体として破綻なくバランスを取ることは非常に難しく、今回もその点に留意して計画は進められた。特に、設計事務所へ実施設計業務発注を行う前に、学内のあらゆる会議体を含め、関係者への説明や調整業務、規模算定、多様な意見の集約といった作業を学内で完結させた。技術的には、東京大学ではヒアリングシートと呼ばれる学内意見の取りまとめの手法があるが、異なる意見・要望・認識・優先順位を調整するためには非常に有効であった。

冒頭でも述べたように、建築設計は、アクティブラーニングの手法によく似ている。

個人がひとりで考え、正しい解答を示すことには限界がある。設計においては、まず多くの関係者と課題を共有することから始まり、その課題解決に向けて対話を重ねていくことが大切なことである。かつて「一対多」のコミュニケーションであった設計行為が、社会のニーズの変化とともに「多対多」のネットワーク型コミュニケーションへと変化を求められている。実際に地方都市再生プログラムなど、建築を超えた都市行政の分野でもアクティブラーニングに関連した新しい手法が研究されており、ますますこの領域の開発が進んでいくことが予想される。

21ＫＯＭＣＥＥは、アクティブラーニングのデザインに対する唯一の解答ではないが、今後、次々と開発される建築の前例を示した意味では意義が大きいと思う。

（1）二〇一一年五月にはⅠ期棟、二〇一四年六月にはⅡ期棟が竣工し、Ⅱ期棟完成時にそれぞれ「West」、「East」と名づけられた。詳しくは、本書一三頁の注（7）を参照。

あとがき

アクティブラーニングの先にあるもの

二〇一五年度にKALSや21KOMCEEのアクティブラーニング教室で実施されている授業数は、年間で約二〇〇に達している。第4章で取り上げたALESSや、第3章で山邉昭則が解説している「基礎演習」などの必修科目の他にも、例えば「東京大学×博報堂ブランドデザインスタジオ」[1]や「東京大学 i.school」[2]のように、商品・ブランドなどの新たな価値の創出、イノベーションのプロセス・手法を学ぶワークショップ形式のゼミナール科目など、筆者が学生だった頃には想像もできなかったような特色ある授業科目が展開されている。これらの科目は、情報の収集・整理やフィールドワークの手法、ブレインストーミングなどの思考方法、チームワークやプレゼンテーションのスキルなど、将来どのような分野に進み、どのような職種に就いても必要とされるであろう能力やスキルを、学生自らが体験的に修得できる機会を提供している。

このように、二〇〇七年度から始まった東京大学前期課程におけるアクティブラーニング導入の取り組みは、授業・教育プログラムの実施状況やアクティブラーニング教室棟の建設など、実施側の視点から見て一定の成果を挙げたと言ってよいだろう。一方、「大学が何を教えたかではなく、学生が何を身につけたか」という観点からは、図7・1に示すデータが参考になる。

図7・1は、KALSおよび21KOMCEEの一教室で二〇一四年度に開講された約三〇の授業科目の履修者約三六〇名に対して行った自己評価アンケートの結果である。自分の知識や考えを表現する力、他者と討論する力、問題を発見し解決する力に関する項目について、いずれも教養学部全体の平均値を大きく上回る結果が得られている。この他にも、「他の教室と較べて（アクティブラーニング教室では）議論がしやすかったか」、「クラスやグループでの議論は学習の役に立ったか」といったアンケート項目に関して、「とてもそう思う」、「ある程度そう思う」と回答した学生の合計は九〇パーセントを越えている。

もちろん、すべての授業科目にアクティブラーニングが適しているわけではなく、また、文系・理系合わせて六六〇〇名の学生が在籍する駒場キャンパスでは、少人数クラスで開講できる授業数に限りがあるため、現状でも一〇〇〇～二〇〇〇名を対象に通常の講義形式で開講される授業科目が多数を占めている。しかし、駒場キャンパスで学ぶ二年間にアクティブラーニング方式の授業を経験する一、二年生の割合は着実に増加している。また、現在、東京大学が進めている学部教育の総合的改革③によって二〇一五年度から施行されている新カリキュラムでは、入学者全員が入学直後の四月～七月に一クラス二〇名程度の「初年次ゼミナール」を必修科目として履修している。このゼミナールの実施には、全学の専門分野が異なる教員約一六〇名が当たるが、その狙いは基本的なアカデミックスキルの習得と大学での学びへの意識の転換である。このゼミナールでも、アクティブラーニングが授業法の中心に置かれている。

ところで、本書で頻出した「二〇〇七年」は、iPhoneが発表された年でもある。当時、マルチタッチ

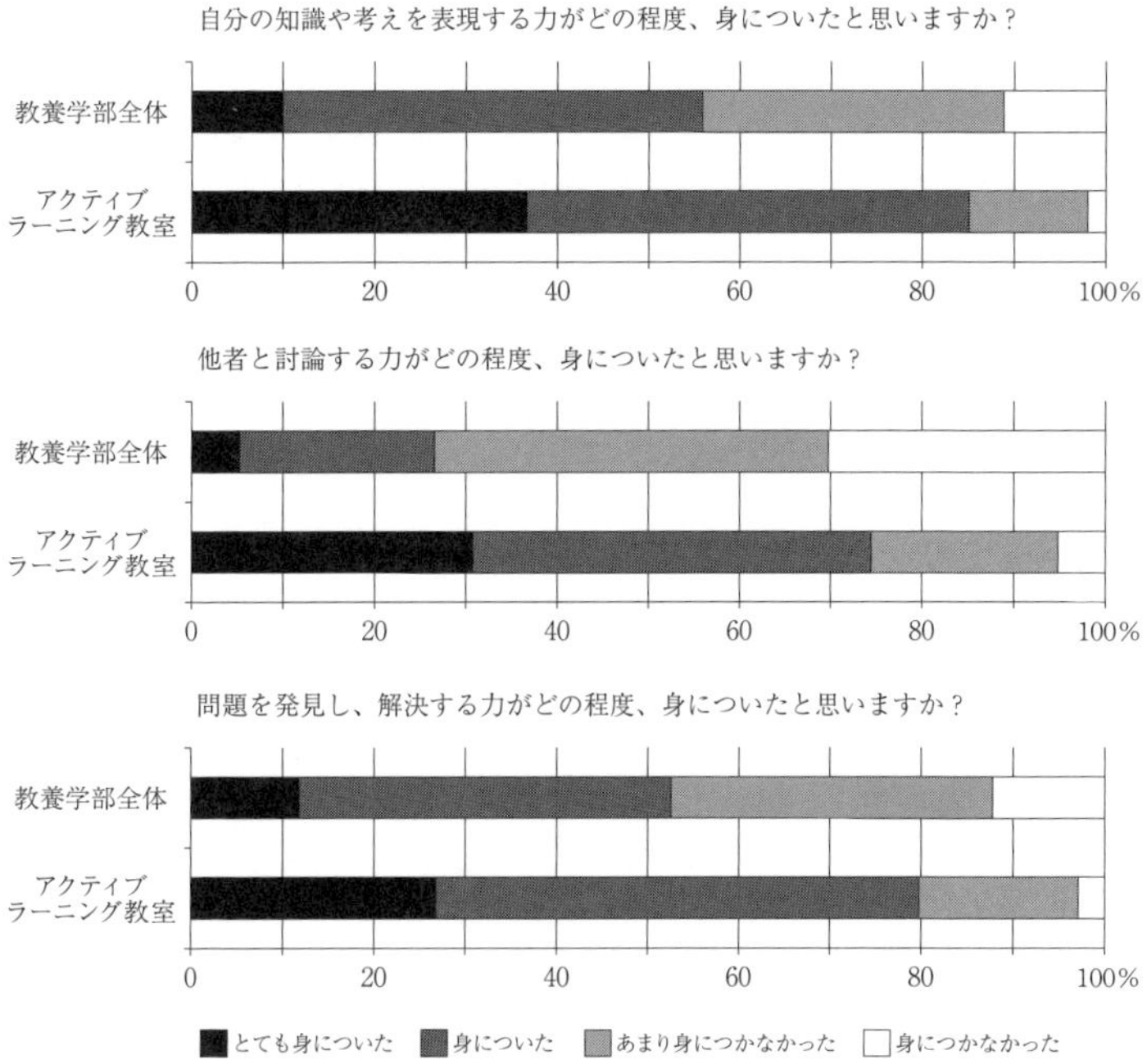

図 7.1 アクティブラーニング授業の受講者アンケートの結果
（データ提供：東京大学大学院総合文化研究科・教養学部附属教養教育高度化機構アクティブラーニング部門）

パネル方式によって画面入力ができる携帯情報端末の登場に世界中があっと驚き、「タッチパネル」はそれ以降の情報端末のキーワード（＝いわゆる〝売り〟）となった。しかし、そのタッチパネルは今では当たり前の〝普通の機能〟であり、誰もそれを〝売り〟とは思わない。コンピュータのCRT④ディスプレイ全盛期を経験し、画面に現れるアイコンやキャラクターに興味を示す幼い子供達に何度となく「ベタベタの手で画面を触っちゃダメ!!」と怒った筆者からすれば、まさに隔世の感がある。

同様に、これからの教育現場では、徐々にアクティブラーニングが浸透していくにつれて「アクティブラーニング」を強調する必要性は薄れていくだろう。学生が能動的に授業に参加し、主体的な学びの姿勢を身につけることが本来の目的であり、アクティブラーニングそのものが目的ではないことからも、それは当然の成り行きであるし、また現実にもそうなりつつある。そして、大学教育の現場は、既に次なる新たなキーワードを見据えている。

最近のキャンパスでは、帰国子女や留学生と接する機会が増えている。彼らの積極的な会話を聞いたり、彼らの行動力に触れる度に、序章の「帰国しない子女」の話が頭をよぎり、考えさせられることがある。日本の大学生は「大学」という入れ物によって社会から隔離・保護されて（＝甘やかされて）いることで、すべてとは言わないが、多くの学生があまりにも（国際）社会的に稚拙過ぎるのではないか……と。「大学生である前に社会人たれ」とは、既に誰かがどこかで訓示していそうな文句であるが、一、二年生の間に、学生が「大学」という入れ物の外に足を踏み出し、現実の問題（real issues）に向き合うことのできる教育機会の必要性を強く感じる。「アクティブラーニング」の先に「アクショソラーニング」があると考えるのは、強ち筆者の独り善がりではないだろう。

最後になるが、本書で紹介したアクティブラーニング導入プロジェクトの成果は、東京大学の教職員をはじめとして、学内外の多くの方々の努力と援助に依るものである。また、本書を出版するにあたり、東京大学出版会の依田浩司氏にお世話になった。この場を借りて心より感謝の意を表したい。

永田　敬・林　一雅

（1）「東京大学×博報堂ブランドデザインスタジオ」は、東京大学と博報堂が教育連携事業として二〇一二年四月から開始したワークショップ形式の教育プログラムで、前期課程の選択科目「全学自由研究ゼミナール」として開講されている。詳細については http://www.bdstudio.komex.c.u-tokyo.ac.jp/ を参照されたい。

（2）東京大学知の構造化センターが主宰する「東京大学 i. school」は、主として大学院生を対象とするワークショップ形式の全学教育プログラムであるが、一、二年生向けの i. school Komaba が「全学自由研究ゼミナール」として駒場キャンパスで開講されている。詳細については http://ischool.t.u-tokyo.ac.jp/ を参照されたい。

（3）学部教育の総合的改革の内容については、「東京大学における学部教育の総合的改革の推進」パンフレット（http://www.u-tokyo.ac.jp/gen02/pdf/140311_pamphlet_000.pdf）、『学内広報』一四四三号「学部教育の総合的改革」（http://www.u-tokyo.ac.jp/gen03/kouhou/1443/pdf/1443.pdf）などを参照されたい。

（4）ＣＲＴ、陰極線管（cathode-ray tube）、すなわちブラウン管のこと。

執筆者紹介（執筆順）

永田　敬（ながた　たかし）［編者／はじめに，序章，第2章，あとがき］
東京大学大学院総合文化研究科教授，専門分野は分子物理化学．1954年生れ．
教養学部附属教養教育開発機構（現，教養教育高度化機構）を兼務し，「理想の教育棟」プロジェクトの統括責任者，文部科学省現代GP「ICTを活用した新たな教養教育の実現」の実施担当者として，東京大学の学部前期課程教育におけるアクティブラーニングの構想と実践に携わってきた．

林　一雅（はやし　かずまさ）［編者／はじめに，第2章，あとがき］
東京農工大学総合情報メディアセンター助教，専門分野は教育工学，情報工学．1979年生れ．
東京大学教養学部附属教養教育開発機構（現，教養教育高度化機構）で2007年6月から2013年8月まで特任助教として，駒場アクティブラーニングスタジオ（KALS）の運用と授業支援を担当した．また，文部科学省現代GP「ICTを活用した新たな教養教育の実現」の取り組みを担当した．

山内祐平（やまうち　ゆうへい）［第1章］
東京大学大学院情報学環教授，専門分野は教育工学．1967年生れ．
駒場アクティブラーニングスタジオの設計，文部科学省現代GP「ICTを活用した新たな教養教育の実現」に関わり，教育研究の見地から東京大学の学部前期課程教育におけるアクティブラーニングの支援を行ってきた．

山邉昭則（やまべ　あきのり）［第3章］
東京大学大学院教育学研究科特任助教，専門分野は歴史学，学習科学，国際比較研究．1975年生れ．
2010年から2015年まで教養学部附属教養教育高度化機構の教員として，時代に即したテーマのアクティブラーニングを，学習者の幅広い支持とともに推進した．第1回東京大学教養教育高度化機構奨励賞受賞．

トム・ガリー（Tom Gally）［第4章］
東京大学大学院総合文化研究科教授，専門分野は言語教育，辞書学など．1957年生れ．
教養学部附属教養教育開発機構（現，教養教育高度化機構）に所属・兼務し，1年生向けの必修授業ALESS，ALESA，初年次ゼミナール理科などの開発や実践に携わってきた．

望月俊男（もちづき　としお）［第5章］
専修大学ネットワーク情報学部准教授．専門分野は教育工学，学習科学．1977年生れ．
2006年から2009年まで，東京大学大学総合教育研究センターマイクロソフト先進教育環境寄附研究部門特任准教授．駒場アクティブラーニングスタジオ開発前のICT活用型アクティブラーニング型授業のプロトタイプおよびモデル授業の開発を支援した．

西森年寿（にしもり　としひさ）［第5章］
大阪大学大学院人間科学研究科准教授，専門分野は教育工学．1972年生れ．
2006年より東京大学大学総合教育研究センターマイクロソフト先進教育環境寄附研究部門にて客員准教授として学習支援ソフトウェアの開発研究に関わった後，2009年まで教養学部附属教養教育開発機構特任准教授として駒場アクティブラーニングスタジオの運用に携わった．

加藤道夫（かとう　みちお）［第6章］
東京大学大学院総合文化研究科教授，専門分野は建築歴史意匠，特にル・コルビュジエの研究．1954年生れ．
総合文化研究科駒場キャンパス計画室長として，筑紫一夫とともに「理想の教育棟」構想案から基本設計・現場監理に至るまでの実践を通じ，アクティブラーニング空間の実現化を担当した．

筑紫一夫（ちくし　かずお）［第6章］
株式会社学校計画代表取締役，専門分野は建築設計．1965年生れ．
東京大学大学院総合文化研究科助手，同外部専門委員，2009年から2014年までは東京大学大学院総合文化研究科特任准教授（駒場キャンパス計画室）として，加藤道夫とともに「理想の教育棟」構想案から基本設計・現場監理に至るまでの実践を通じ，アクティブラーニング空間の実現化を担当した．

人名索引

事項索引

あ　行

か　行

ら　行

アクティブラーニングのデザイン
東京大学の新しい教養教育

2016年2月29日　初　版

［検印廃止］

編　者　永田《ながた》　敬《たかし》・林《はやし》　一雅《かずまさ》

発行所　一般財団法人　東京大学出版会

代表者　古田元夫

153-0041 東京都目黒区駒場 4-5-29
http://www.utp.or.jp/
電話 03-6407-1069　Fax 03-6407-1991
振替 00160-6-59964

印刷所　株式会社三陽社
製本所　牧製本印刷株式会社

ISBN 978-4-13-053087-3　Printed in Japan